中华优秀传统文化传承与现代价值研究

舒坤尧◎著

文化发展出版社
Cultural Development Press
·北京·

图书在版编目（CIP）数据

中华优秀传统文化传承与现代价值研究 / 舒坤尧著
. — 北京 : 文化发展出版社，2023.10
ISBN 978-7-5142-4092-4

Ⅰ. ①中… Ⅱ. ①舒… Ⅲ. ①中华文化－研究 Ⅳ.
① K203

中国国家版本馆 CIP 数据核字 (2023) 第 190282 号

中华优秀传统文化传承与现代价值研究

舒坤尧 著

出 版 人：宋 娜
责任编辑：岳智勇　　　　责任校对：侯 娜
责任印制：邓辉明　　　　封面设计：守正文化
出版发行：文化发展出版社（北京市翠微路 2 号 邮编：100036）
网　　址：www.wenhuafazhan.com
经　　销：全国新华书店
印　　刷：天津和萱印刷有限公司

开　　本：710mm × 1000mm　1/16
字　　数：200 千字
印　　张：10
版　　次：2024 年 3 月第 1 版
印　　次：2024 年 3 月第 1 次印刷

定　　价：72.00 元
I S B N：978-7-5142-4092-4

◆ **如有印装质量问题，请电话联系：010-58484999**

作者简介

舒坤尧，女，1973 年生，华北水利水电大学副教授。华北水利水电大学水文化研究会会员。曾获河南省高等学校实施哲学社会科学繁荣计划先进个人、华北水利水电大学中共优秀共产党员等称号。

前　言

中华文化有着五千多年的发展史，源远流长、博大精深。流传至今的优秀传统文化，承载着中华民族独具特色的文化传统、思想观念和情感认同，凝聚着中华儿女普遍认同的道德规范、社会价值取向，虽然历经岁月的洗礼和磨难，依然历久弥新、绚丽多姿，深深融入中华儿女的血液里。直到今天，加强中华优秀传统文化教育，依然是实现中华民族伟大复兴的内在要求。培育和践行社会主义核心价值观，落实立德树人的根本任务，最基本的要求就是传承中华优秀传统文化，并实现中国传统文化的创新。

在国际竞争日趋激烈的今天，世界各国的较量已经不仅是军事硬实力的较量，也不仅是经济实力的较量，更多的在于科学技术和文化软实力的较量。这两者也是国家提高综合国力最重要的两个方面。因此，继承我国优秀的传统文化依然是十分必要的。这一方面有利于提高国民素质，践行社会主义核心价值观；另一方面，有助于提升国家的文化软实力，在国际上树立良好的国际形象。我们必须要继承优秀传统文化，又不能忘记对其进行创新和发展，发挥其应有的时代价值。

本书共五章，以中华优秀传统文化为基底，论述中华优秀传统文化的传承和现代价值问题。第一章为中华优秀传统文化的概述，分别介绍中华优秀传统文化的概念和历史演变、中华优秀传统文化的特质、中华优秀传统文化的基本精神；第二章为中华优秀传统文化的伟大成就，分别介绍中华优秀传统文化的思想成就、科技劳动成就和文学艺术成就；第三章为中华优秀传统文化传承的意义与现状，分别介绍优秀传统文化传承的意义、优秀传统文化传承与发展问题的成因分析；第四章为中华优秀传统文化传承的对策，分别介绍长效机制的建立、加强自我创新能力；第五章为中华优秀传统文化的现代价值，分别介绍实现中华优秀传统文化现代价值的挑战和机遇、中华优秀传统文化现代价值与现代化建设的融合。

在撰写本书的过程中，作者得到许多专家学者的帮助和指导，参考大量的学术文献，在此表示真诚的感谢。由于作者水平有限，书中难免会有疏漏之处，希望广大同行及时指正。

作者

2022 年 10 月

目 录

第一章　中华优秀传统文化的概述

研究中华优秀传统文化是理解和认知当代中国文化发展及其特点的一把钥匙，同时也是一个大的历史课题。中国传统文化源远流长，博大精深，多少人一生都在探索中华文化的根源与发展，力求中华优秀传统文化能够得到更大的发扬。本章论述中华优秀传统文化的内涵，分别从中华优秀传统文化的概念和历史演变、中华优秀传统文化的特质、中华优秀传统文化的基本精神几个方面展开论述。

第一节　中华优秀传统文化的概念和历史演变

一、中华优秀传统文化的概念

什么是文化？我们要学习中华优秀传统文化先要弄清楚这个问题。当代学者对于文化有着不同的界定和阐述，有人将文化区别为狭义和广义，还有的学者将文化区分为物质和精神两个方面。其实随着人们对文化认识的不断扩展与深入，学者从不同的角度与领域对文化提出了多种学说。西方的文化一词即来源于拉丁文“cultura”，为土地耕作、动植物培养、神明崇拜和精神修养等含义。古罗马人马尔库斯·西塞罗（Marcus Cicero）将古希腊文化中的精神理念继承并发展，直到 19 世纪，“文化”的概念才真正成为学者探讨的热点。文化学的奠基者、英国著名的人类学家爱德华·泰勒（Edward Tylor）在他的《原始文化》一书中认为，文化是复杂而又多元的整体，它包含知识、信仰、道德、艺术等，并且包括人类在社会中获得的一切能力与习惯。而在中国的古代典籍中，对于文化也早有阐述，文化二字起初是分开来讲的，《说文解字》对于“文”的解释为“文，错画也，象交文。”，这就说明“文”的本意为交错的纹理，引申为“经天纬地”之意，这也是古代贤君多以“文”为其谥号的主要原因。《尚书·舜典》解释“文明”

一词时说："经纬天地曰文"[①]。"化"本身指事物形态或性质的改变，后引申为教化，教行迁善之意，表示行为演变过程。直至西汉历史学家刘向将"文化"二字相连，他在《说苑·指武》中说："文化不改，然后加诛。"[②]文化在中国古代指代的就是"文治教化"，跟"武功"对等。《周易》认为："观乎人文，以化成天下"，[③]是中国古代对文化的传统提法。直至近代西方文化的传入与中国文化内涵的融合，中国近现代学者在兼收并蓄的基础之上对文化的概念进行了自己的界定与探讨，而后辈学者也只是在整理总结前辈成果的基础上，提出自己的观念与看法，作者也是如此。

传统文化中的所谓"传统"，具有世代传承的性质，并且具有独特的社会历史文化特点。如世代延续的政治制度、社会中的风俗习惯、人们认可并遵守的思想道德和文学艺术等，都具有传统概念中"传"的相传继续和"统"的世代相承的整体含义。由此可见，传统文化的含义是以文化为源泉，在一定的历史环境中形成、演变和沉淀下来的，可以世代传承的具有一定精神特质的民族文化。然而，并不是所有的文化都可以称作传统文化。我们将传统文化界定为具有历史和现实意义的，能够得到积淀和延续的，渗透在民族整体意识和行为中的，具有生命活力的经典文化。无论东方还是西方，世界上每个民族都有着饱含本民族特质的优秀而灿烂的文化，这是属于国家和全体人民的宝贵精神寄托和精神财富，是民族团结的黏合剂，是民族屹立不倒的精神支柱，也是永远不能抛弃的瑰宝。

中华优秀传统文化源远流长，历经几千年的历史沧桑，在社会演变过程中不断地积累沉淀，又不断地创新发展，最终形成稳定的形态流传至今。中华优秀传统文化早已深深融入中华儿女的血液中，成为一种民族精神，将中华儿女紧紧团结在一起。中华优秀传统文化反映着民族特质与炎黄子孙的内在精神，它集合中华民族文化历史上各种思想观念和意识形态，具有鲜明的民族特色。中华优秀传统文化博大精深、包罗万象，形成以儒家思想为核心的思想，兼有道家、法家、佛教等思想。在形式上，形成诗词曲赋、古文、书法绘画、音乐曲艺等一大批优秀的艺术创作样式。传统文化体系不仅涵盖中华民族各种思想等精神文化，还有

① 孔子．四书五经[M]．北京：中国书店出版社，1985．

② 刘向．说苑校证[M]．南京：华东师范大学出版社，1985．

③ 周振甫，周易译注．[M]．北京：中华书局，1991．

丰富多彩的物质文化，这些物质文化保留下来，陈列在博物馆里，又从另一个侧面向世人展示着中华民族传统文化的精神内涵。“传统文化所蕴含的、世代相传的思维方式、价值观念、行为准则，一方面具有浓厚的历史性、遗传性，另一方面又具有强烈的现实性、变异性，它无时无刻不在影响、制约着今天的中国人，为我们开创新文化提供历史的根据和现实的基础。”① 中国传统文化在世界历史文化中的价值也是不容忽视的，它不仅是最悠久的文化之一，在历史上更是以其魅力引领着人类社会不断发展，吸引许多国家的人来学习中华民族优秀的文化。直到今天，中华优秀传统文化仍然发挥着其独特的价值。

二、中华优秀传统文化的历史演变

中华优秀传统文化是一种长久发展积淀下来的系统文化。它以老子为代表的道家文化《周易》为源头，以孔子为代表的儒家文化为核心，将道、法、墨、释等各家文化兼容并包，其所成就的道德精神、理想信念和思维方式都是最具有代表性和高度稳定性的。中国历代的社会体制、中国人的生活方式和行为规范等都是以其为准则和依据的，其中精华与糟粕并存，这就需要我们厘清中国传统文化的发展脉络，从中寻求并鉴别出于国于民有利的精华所在。对中国传统文化的发展我们可以作出如下的历史描述。

（一）先秦时期中国传统文化的萌芽

中国传统文化的发展最早可以推进到上古时期的伏羲神农的三皇五帝时期，伏羲八卦与图腾崇拜加之神话传说，孕育周朝的文化，《易经》为中国传统文化奠定自强不息、厚德载物的精神基调。

所谓“分久必合，合久必分”。春秋战国时期，中国由统一走向分化，天下纷争引发各种学说的萌芽与发展。孔子关注社会道德，重视伦理关系，提出“内圣外王”“经世致用”的道理，并要求君子应以“修身、齐家、治国、平天下”为终身抱负。他提出“仁者，爱人”的口号，人与人之间要讲求仁爱。同时，孔子为传播其思想，创办私人教育，授人“六经”（《诗》《书》《礼》《乐》《艺》《春

---

① 张岱年，方克立. 中国文化概论[M]. 北京：北京师范大学出版社，2004.

秋》）“六艺”（礼、乐、射、御、书、数），教人“忠恕”“孝悌”“克己复礼”的伦理，并提出三纲五常的信条。此后，孟子、荀子在孔子的基础之上，发展儒家思想。孟子在孔子“性善论”的基础上，提出民贵君轻的民本思想，要求为政者实行仁政，并提倡君子应注意培养浩然正气，增强内在的精神力量。荀子则强调“礼”为治国之根本，应兼顾法制，还主张“明于天人之分”“制天命而用之气”。先秦时期，儒家学说的发展基本上已经践行，成为几千年来封建社会的指导思想。

与孔子同一时代的老子创立道家学派，他将视线由人类社会转向宇宙自然，希望求得世间万物生存与发展的规律。老子的道家哲学认为“人法地，地法天，天法道，道法自然”，天地人均非世界主宰，而是要遵循自然规律和运动变化的客观存在，“道”即为世间万物的运动规律。老子在其《道德经》中谈道：“道生一，一生二，二生三，三生万物，万物负阴而抱阳，冲气以为和”。[①] 他辩证地认为事物的发展有阴阳两个方面，是矛盾的对立统一，并且事物总在向其对立面转化，谓之“反者道之动”。道家学派的辩证思维更有教世人用发展的眼光和正反两个方面去看问题，老子更是反对统治者因一己私欲而肆意妄为，提倡“以百姓之心为心”“无为而治”。庄子发展老子学说，提倡珍爱生命，追求心灵自由与超脱，强调修身。先秦道家学说“究天人之际”的深邃哲理和天地人并生、物我两忘的境界，以及辩证认知的思维方式最终成为中国传统文化的又一宝贵财富。

此外，先秦时期的另一学派——“墨学”，站在劳动人民的角度，提出“与其劳”“获其实”的理论。墨子有“兼爱”“非攻”“非乐”“尚贤”“节用”等主张，其“兼爱”一说体现出墨家无差别之爱的人人平等的观念，这也成为墨家学说核心思想，虽在后来的历史发展中墨家逐渐被淡化，但其精神却被儒道所借用，团结互爱的传统美德中就有墨家的成分。先秦法家在前期分为“法”“术”“势”三派，主张各不相同，直至战国末年，韩非子总结三家之言，建立比较完善的法家思想体系，其核心是以“法”为治国根本。同时，法家学说为秦国的改革与统一奠定思想基础，在后期的发展中，被儒家学说所吸收，互为表里，为历代统治者所接受并不断完善，形成中央集权和大一统的思想，对中国社会的发展起着重要的作用。

---

① 老子．道德经[M]．长沙：岳麓书社，2011．

总而言之，先秦时期诸子百家的出现与学说之间的相互碰撞、交流与融合，为中国传统文化的发展奠定坚实而丰厚的基础。

（二）汉魏南北朝时期中国传统文化的发展与融合

诸子百家的汇总随秦朝的统一而形成，文字的统一更是为各家思想的传播提供了便利的条件，利于民族共同文化心理的形成。

汉朝初年，由于统治者的需要，道家的黄老学派获得发展，休养生息的政策为汉朝的逐渐强盛奠定基础。到汉武帝时期，董仲舒提出“罢黜百家，独尊儒术”的思想政策，令道家由此衰微，同时儒家所提倡的“古文经学”和“今文经学”盛行于世，先秦儒家思想被逐渐改造以适应统治需要。儒家的“孝”被推广到“忠君”层面，“家国一体”“忠孝两全”成为德行的根本和贯穿中华民族历史进程的治国思想，儒学因此获得统治者的推崇，儒家文化成为中华文化的正统，道家等各家文化渐渐退居从属地位。同时，中国儒家教育也上了一个新的台阶，汉代开始以儒家经典为教材，以考试作为手段的教育管理模式，其优秀者大多为统治者所用，更加强化儒家的统治地位。

佛教在汉朝由印度传入中国。民间兴建寺庙，佛教人士所提倡的无常，一切皆苦、苦行修道的核心教义开始渗入中国传统文化。同时，佛家的传入刺激本土宗教——道教，东汉张道陵以《道德经》为教义，以“道”为根本信仰，并将老子学说加以神化，提倡神话式的求仙之术。其后，玄学兴起。至魏晋南北朝时期，儒、释、道三家思想由之前的相互排斥逐渐向融合发展，少数民族文化的融入，以及佛教在中国的本土化，儒、释、道三家实现文化大融合，这为中国传统文化的丰富，特别是为后来新儒学——理学的出现打下基础。至魏晋南北朝以来，中国社会带来的民族大融合，反映到文化上，就是儒家文化已经不再是之前纯粹的儒学，而是儒释道文化交融而成的新的文化形态。而儒、释、道三教共同满足中国人的人生智慧与精神境界追求，儒家的德行与礼义、道家的自身修为与社会秩序的对立统一，佛教的苦修与超然世外相互融合建立新的精神价值体系。

（三）唐宋时期中国传统文化的高度发展时期

伴随着隋朝的建立，中国结束南北纷争的局面，隋灭唐继，并且吸取前朝的教训，以民为本，励精图治，中国进入封建社会的鼎盛时期，“贞观之治”“开元盛世”将中国传统文化推向一个新的高度。唐代推行的科举不但是中国古代选官制度的创举，同时影响了中国的教育发展。唐代在文教方面主张以儒家学说为主体，实行儒、释、道三教并进，进一步交融共存。与隋朝相比，唐朝统治者为巩固国家政权，同时扶持儒、释、道三教，实行三教并存的策略，为国家统治服务。在唐朝统治初期崇尚儒学，之后因为一些特殊原因，渐渐向道家倾斜。对于佛教，唐朝统治者既扶持又压制。唐朝时期形成三教并用的思想新格局。

在探究儒、释、道三教本身发展时，我们发现在复杂的文化氛围中，三教均能紧跟时代，彰显各自独特的思想魅力，促进自身发展。同时，三种思想之间的矛盾与冲突也是十分激烈的，而在激烈论争的同时互相吸纳融合，相互借鉴。总的来说，统治者从维护统治秩序与社会需要出发，实现国家化的文化认同。更值得一提的是，在唐宋时期，历代多有“三教”大会的召开，客观上为三教融合提供了机会，同时反映社会统治对整合三教的需要，客观地在内质上加深彼此的了解与认同，正所谓“三教虽殊，同归于善”。同时，三教的融合也促进中国古代文学、美学等文化的发展，自上而下的思想文化的传播，在不同程度上满足社会各阶层对精神文化的多元化选择。正是由于这一时期，中国传统文化的广泛接纳，造就中华民族的天下情怀，兼收并蓄的理念在中国古代文化的传播和文化体系的建立中就已经根深蒂固。中华文化在自身发展的过程中，也不断对外发展与传播，为儒学新发展——理学体系的建立打下坚实基础。

周敦颐、张载、程氏兄弟直至朱熹等人以中唐儒学复兴运动为先导，在综合儒释道理念的基础上，建立“理学”体系。作为宋代的统治思想，理学的核心理念把封建礼教抬高到“天理”高度，并与个体的自觉追求相结合，以求达到“天人合一”的理想境界。而后陆九渊融合孟子“万物皆备于我”“良知”“良能”的观点和佛教禅宗“心生”“心灭”等论点，提出“心即理”的观点，形成新的学派——心学。他认为“宇宙是吾心，吾心便是宇宙”“千万世之前，有圣人出焉，同此心同此理也；千万世之后，有圣人出焉，同此心同此理也”。[①] 陆九渊的治学方法主要就在于“发明本心”“学苟知本，六经皆我注脚”。

---

① 纪占武，于明．马克思主义哲学原理经典教学案例集[M]．沈阳：东北大学出版社，2011.

宋代理学与心学体现中国知识分子对“天人合一”这种理想境界的追求，在为政治服务的同时也奠定了中国文化精神的最高境界与要求，“为天地立心，为生民立命，为往圣继绝学，为万世开太平。”① 这也为后世文人做人做事提供了一套价值标准，成为中国传统文化的精髓之一。

（四）元明清时期中国传统文化发展的新趋势

元朝时期儒家统治被削弱，但文人的独立意识和反抗精神，英雄义气、智谋仁政等却在文学作品中表现出来。随着明代统治者中央集权的加强，思想的短暂自由也随之戛然而止，理学依然作为当时统治思想的精神支撑而存在，同时也是当时中国传统文化的主流。这一时期的理学理论依然沿袭宋代理学的核心价值观念，以“道体”问题为核心，热衷于探讨社会和自然现象的本源和规律。并且更加深入地体现理学的“穷理”理论精髓和思维本质，确立中国文化人理想人格。“穷理”思维与“天人合一”结合，将“治国”“平天下”“为圣”的目标更世俗化。“尽性至命”的目的就在于“为生民立道”，从而实现“为圣”的最终目标，实现理学家的人生最高价值。王阳明在继承陆九渊的心学之后将其发展为“心即理”“知行合一”“致良知”的完整心学体系。而陆九渊、王阳明心学重视闭门修养，体悟本心，在充分展示个人认知理论的同时，也将儒学心性论的缺陷发展到极致。

理学和心学思想各自把古代哲学中客观的唯心主义和主观唯心主义推向高峰，同时也在矛盾中挣扎，在不断地发展与演变中，使中国传统文化思想观念和社会心理都具有巨大的包容性和亲和力。由于这一时期的思想在中国封建时期思想文化中占有统治地位，对中国传统文化意识形态的形成影响至深至巨，只有深刻地认识和把握这一时期的文化特点，才能更好地利用中国传统文化中有利于社会发展的优秀品质，为新时期的文化建设和社会发展助力。

自明中期至清中期，传统文化糟粕开始受到挑战，明清思想家王夫之、戴震等开始对理学展开批判。黄宗羲在新的历史条件下，发挥民本主义，尖锐地批判不合理的君主专制，顾炎武更是指责君主独裁的种种弊端，表达出“君民贵贱平等”“官耕分工不同”的进步观念；唐甄更是大胆地提出“帝王皆贼”的口号，

① 张载．张子语录［M］．上海：上海书店出版社，1984.

这一系列对传统文化思想观念中糟粕部分的挑战，其实是为进一步去除封建强权而唱响的前奏曲。社会的变革离不开思想的变革，一大批先进的知识分子加入社会改革的浪潮中，对前人提倡的道德观、价值观重新审视。在这场思想较量中，不少知识分子为引导人们挣脱理学的束缚，试图建立一种新的社会思想，由此，社会上兴起一股"复古之学"的风气。这时所谓的"复古"，并非是简单地推崇理学之前的古代文化，而是以"复古"为名号，摆脱理学思想，追求一种全新的思想解放理念。

（五）中国传统文化在近代的发展

从1840年鸦片战争开始，西方列强的入侵对中国社会造成强烈的冲击，引起社会的巨大变革，传统文化在这一时期发生深刻的危机。近代以来，中国一直处于"被动挨打"的地位，人们在寻求社会发展变革的道路上，将近代中国的落后归咎于传统文化的落后，认为儒家文化制约中国社会的发展，已经跟不上时代和世界发展的潮流。五四运动时期，掀起一场批判中国传统文化的浪潮，一直到中华人民共和国成立后很长一段时间内，传统文化都处于被批判的地位。伴随着西方国家的入侵引发的这场社会内部的变革，与其说是一场文化危机，不如说是关乎中华民族存亡的生存危机，它体现在社会政治、经济、文化等方面。

清朝后期，随着列强入侵，中国社会逐步沦为半殖民地半封建社会。在政治上，封建专制制度在内外部各种因素的压力下，逐渐开始动摇；在经济上，随着国门的打开，自给自足的封建自然经济被打破；在文化上，一方面是西方文化的冲击，另一方面是国内有识之士意识到传统文化的局限性，开始寻求能够实现富国强兵、救亡图存理想的新文化。社会的剧烈变动，带来思想文化的重大冲击。

近代社会的落后和国家民族所受到的屈辱，使得国内先进的知识分子开始从思想上进行反思，并寻找救国之路。这一时期，新文化运动兴起，提倡学习西方先进文化，对传统文化多持批判态度。

中国社会进入改革开放之后，国家经济腾飞，百姓的生活越来越好。随着我国社会主义精神文明建设的深入，人们逐渐意识到中国传统文化的作用和意义，开始重新审视我们的传统文化，重视我们的民族精神，将传统文化和现代社会先进的思想相结合，创新思想，使中华优秀传统文化的价值重新得到认可和发挥，焕发出新的生命力，迎来发展的新机遇。

第二节　中华优秀传统文化的特质

一、中国传统文化是民族性与世界性的统一

每个民族和国家都有着各自不同的文化。文化并不是一成不变的，而是会随着社会的发展与其他民族频繁地交流，互相学习和借鉴，将其他民族的优秀文化吸纳到本民族传统文化之中，并将其本土化。最终，使本民族的传统文化更加完美，更具本民族特色。这就是文化的民族性。

国家和民族间的交往是一个漫长而持续的过程，这个过程中，不同文化间始终呈现出一种“和而不同”。基于此，世界文化呈现多元且统一的特点。中国传统文化历来就有兼容并包的博大胸怀，在其发展和演变过程中，不但吸收我国各民族的文化，还进一步吸收国外优秀的文化，实现自我的丰富和完善。随着世界文化的交流融合，中华优秀传统文化也逐渐走出国门，走向全世界。如儒家经典文化中的“天下观”，道家经典中的“自然观”在国外学术界也受到重视。人们越来越意识到，对于优秀的传统文化而言，越是民族的东西越是世界的，只有坚持传统文化的民族性，坚持传统文化中的中国特色，才能在世界文化这个多元统一体中找到自己的位置并站稳脚跟。

二、中国传统文化是多样性与同一性的统一

中国传统文化不间断发展，形成世界上最具生命力的文化。相比而言，大多数国家都出现过文化断层，更有甚者，文化由于灾难、战争等因素而消失。而中国传统文化在数千年的民族融合、社会更替中，不但没有消亡反而吸收各族文化，形成以汉文化为主体，兼容并包其他各少数民族文化的完整文化体系，使不同的民族、地域文化由多样变为统一。与此同时，传统文化在传播的过程中，其精神内涵引领着炎黄子孙的行为规范，也影响着其思想意识。传统文化的精神渗透到社会政治、经济、文化生活的各个领域，并作为一种精神力量影响着中华儿女的

日常行为，引领着社会历史向前发展。中华文化对外来文化有着极强的包容性和同化力量，正是因为中国传统文化多样性和同一性的高度统一，中华民族才能历经数千年，经历重重磨难之后依然有着顽强的生命力，屹立于世界民族之林。

中国传统文化是以儒家为核心、结合释道为一体的综合体系。这一体系在基本内容上“重人”“重德”“重和”。“重人”是中华优秀传统文化的重要精神和内容。中国哲学，本质上是一种人生哲学。周朝时已有“惟天地万物父母，惟人万物之灵”之说。孔子则提出“仁者，人也”，强调“仁”，也即强调“人”。“重德”是中华优秀传统文化的又一重要内容。早在孔子之前，春秋时鲁国大臣叔孙豹就提出“立德，立功，立言”的“三不朽”，“立德”被排在三立之首位。春秋时期，孔子在整理殷周典籍的过程中，提出重德的“仁学”思想。“仁者，爱人”“己所不欲勿施于人”等都是“仁学”的思想内涵。想做一个具有仁者思想的君子，首先需要完善自己的人格。为此，孔子提出“三军可夺帅也，匹夫不可夺志也”[①]，孟子提出“天将降大任于斯人也，必先苦其心志，劳其筋骨，饿其体肤，空乏其身，行拂乱其所为，所以动心忍性，曾益其所不能”[②]。“德”在古代社会中被尊崇，形成许多传统美德，成为中华民族文化精神的一种。“重和”也是中华传统文化一项重要内容。孔子曾说“致中和，天地位焉，万物育焉”。[③]孔子认为的“和”，其实就是一种为人处世的“中庸”之道。道家的哲学理论认为，事物的存在和发展始终是阴与阳和谐统一，互相转换的，这其实也是一种“和”的思想。法家和墨家也都曾在自己的学说中提到过“和”的观点。中国传统文化中“贵和”的精神，也使我们在面对外来文化时，始终坚持包容和接纳的态度。

三、中国传统文化是继承性与创新性的统一

任何一种文化的产生和发展都有其特定的自然和社会基础，中国传统文化也不例外。中国传统文化以本身价值及其存在和流传的合理性，迎接一次次的挑战，向世人展示它强大的再生能力。中国传统文化的形成过程漫长而曲折，它历经无

① 孔子．论语[M]．杭州：浙江少年儿童出版社，2019．

② 孟子．孟子[M]．长沙：岳麓书社，2016．

③ 子思．中庸[M]．南昌：二十一世纪出版社，2015．

数次连续不断、曲折向上的运动轨迹，而中国传统文化中“持中贵和”的理念更是使得其在遭到外来势力侵袭的时候能够兼收并蓄，海纳百川，创造出既符合民族特性又符合历史发展规律的文化范本，并在社会生活中充分展现。

中国传统文化至今已经有五千多年的历史，它的形成是一个不断继承和创新发展的过程，是中华民族智慧的结晶。正是因为中国传统文化的继承性与创新性的统一，才能使中华民族在朝代更替、外族入侵中从未被击败，反而通过文化的继承与创新发展出新的生命力，越来越强大。同时，中华传统文化继承性和创新性也体现在它的巨大包容力，使得其无论在任何历史时期都能够不断吸收营养成分，剔除糟粕，在各种文化精华的滋养下茁壮成长。而这一脉文化渊源正是由于有了其独特的生存土壤和生存方式，才得以延续和发展，并为中华民族世代传承。

中华传统文化滋养着中华民族的生命力，促使它不断成长和发展。所以，我们要认真领会、传承传统文化留给我们的优秀的智慧和思想，才能够促进社会进步，提高我国综合国力。

第三节　中华优秀传统文化的基本精神

“文化的基本精神就是文化发展过程中的精微的内在动力，也即是指导民族文化不断前进的基本思想。”① 中华文化的基本精神有着丰富的内涵，很多学者从不同的方面做出了不同的概括和总结，主要分为几个方面。

一、自强不息、刚健有为的精神

《易经》中第一次提出自强不息、刚健有为的思想，原句为“天行健，君子以自强不息”。意思是，君子要学习天体运行的无休无止，发扬积极向上、勇于进取的精神。这种奋发有为、自强不息的精神，是中华民族宝贵的精神财富，激励着千千万万的有识之士为实现理想而奋斗。如我国伟大的思想家、教育家孔子，他用一生的时间奔波劳碌，宣扬“仁政”思想，试图匡扶乱世，还人民一个国泰民安的社会。为了政治理想，明知不可为而为之，以至于发愤忘食，“不知老之

① 张岱年，程宜山．中国文化与文化论争[M]．北京：中国人民大学出版社，1990．

将至”。孔子用行动继承自强不息、刚健有为的精神，他认为君子应该是“食无求饱，居无求安，敏于事而慎于言，就有道而正焉”。[①]后来的儒学家将孔子思想发扬光大，于是就有了曾子的“任重道远”“死而后已”的思想。曾子曾说“士不可以不弘毅，任重而道远。仁以为己任，不亦重乎？死而后已，不亦远乎？”[②]孟子从修身养性的角度，提出新观点“吾善养吾浩然之气”。荀子从天人关系的角度，提出“制天命而胜之”的说法。

自强不息的精神不仅是中华传统文化的主流精神，同时，它也是中华儿女奋发向上、中华民族不断进步的动力。这种精神体现在社会生活和发展的许多方面。

从民族大义的角度看，在社会稳定、人民安居乐业的和平时期，古人把建功立业，为国家和人民鞠躬尽瘁看作个人价值的最大实现；在国家动乱、民族存亡的危急时刻，古人又将维护国家统一看作人生志向和目标，出现“匈奴未灭，何以家为”“僵卧孤村不自哀，尚思为国戍轮台”这样的壮志豪情，出现过一大批可歌可泣的民族英雄，如苏武、文天祥、岳飞等。刚健有为的精神像一针强心剂，为中华儿女注入精神力量。

从个人人格的修养教育看，自强不息，刚健有为的精神被后世无数人发扬光大，从孟子主张的“富贵不能淫，贫贱不能移，威武不能屈”的个人修养，到匡扶正义、不与人同流合污的思想，再到挫折面前不屈不挠，发愤图强追求理想——“在齐太史简，在晋董狐笔，在秦张良椎，在汉苏武节，为严将军头，为嵇侍中血，为张睢阳齿，为颜常山舌，或为辽东帽，清操厉冰雪，或为出师表，神鬼泣壮烈，或为渡江楫，慷慨吞胡羯，或为击贼笏，逆竖头破裂……”[③]中国历史长河中，有着数不清的名人事迹，体现出中华传统文化中自强不息的精神，给后世留下数不清的宝贵精神财富。

从社会变革的角度看，自强不息、刚健有为的精神指引着历史上的有志之士，通过变革来“破除积弊”，通过改变社会法规，甚至发起革命运动，使国家和民族获得新生。如北宋历史上的王安石变法；近代康有为、梁启超领导的维新变法，都体现中华民族自强不息的革新精神。

① 杨伯峻．论语译注[M]．北京：中华书局，2009．

② 同上。

③ 刘新科．中国传统文化与教育[M]．长春：东北师范大学出版社，2002．

二、民为邦本、本固邦宁的精神

“以民为本”的精神自古以来就被思想家和统治者看重和提倡。《道德经》中就将人民的疾苦，反映给统治阶级，希望引起他们对民生的重视：“民之饥，以其上食税之多，是以饥；民之难治，以其上之有为，是以难治；民之轻死，以其上求生之厚，是以轻死。”① 到了周代《尚书·夏书》中就有“民为邦本，本固邦宁”的说法。春秋战国时期发展起来的儒家、墨家、道家不同程度地继承了这一观点。后世的儒家代表人物孟子，也提出“民为贵，社稷次之，君为轻”的著名观点，被后来的历代开明的统治者所推崇。孟子认为得民心者得天下，失民心者失天下，“得乎丘民而为天子”“桀纣之失天下也，失其民也；失其民者，失其心也。得天下有道：得其民斯得天下矣”②。所以，“域民不以封疆之界，固国不以山溪谷之险，威天下不以兵革之利，得道者多助，失道者寡助。”③ 在他的思想中，将人民看作立国之本。荀子和孟子的观点不谋而合，也认为“民为邦本”，他将人民比作水，将统治者比作舟，水能载舟亦能覆舟。这样的观点一直流传到今天，是历代政治家的必修课。

漫长的封建统治时期，为了巩固自己的统治，一些开明的统治者开始重视“贵民重民”的精神。如唐代的君主李世民提出“民贵君轻”的观点，认为“君依于国，国依于民”。到了宋代，朱熹提出“天下之务莫大于恤民”等一系列重视民本的思想。这些思想的提出，集中反映中国传统文化中“民为邦本，本固邦宁”的重民思想的发展过程，也体现中华传统文化以民为本的精神。

在儒家历代的思想观念中，都十分重视现实的人伦理念，轻视鬼神和宗教信仰。不得不说，这也是一种“以人为本”观念的体现。中国古代的鬼神和宗教观念盛行，但孔子一直提倡人伦思想，对鬼神的态度一直是“敬鬼神而远之”。某日，弟子问孔子如何事鬼神。孔子回答说，人还没侍奉好，怎么能去侍奉鬼神？弟子不甘心，又问人死后会如何，孔子回答说：“未知生，焉知死？”④ 孔子要弟子先关

---

① 老子．道德经[M]．长沙：岳麓书社，2021：97.

② 金良年．孟子译注[M]．上海：上海书店出版社，2003：103.

③ 同上。

④ 杨伯峻．论语译注[M]．北京：古籍出版社，1958：120.

怀现实中的人，关注自己在世上的生活，认为没有必要去“事鬼”“知死”。关注现实生活，关注人的需求，是孔子思想的出发点。孔子之后，历代儒家学派代表人物都继承了他“重人伦、远鬼神”的民本思想。

中国传统文化中强调“仁者爱人”的精神，主张关爱他人，以他人利益为重，这是儒家核心精神的体现。同时墨家也提出类似的观点，主张“兼爱、非攻”，强调不分等级、不分亲疏地爱天下人，反对战争。如墨子号召人们要“兴天下之利，除天下之害”“人与人相爱，则不相贼；君臣相爱，则惠忠；父子相爱，则慈孝；兄弟相爱，则和调；天下之人皆相爱，强不执弱，众不劫寡，富不侮贫，贵不傲贱，诈不欺愚”①“是以老而无妻子者，有所侍养以终其寿；幼弱孤童之无父母者，有所放依以长其身。”“睹其友，饥则食之，寒则衣之，疾病侍养之，死丧葬理之。”②中国传统文化中，这种强调他人利益、群体利益的崇高精神境界，体现了一种推己及人的“群体和谐”的精神。诸子百家的诸多思想学说，不约而同地为我们描绘一幅天下共利的“大同世界”的美好蓝图。这样的传统思想，激励着无数后辈为民兴利，为国贡献自己的一生。

以民为本的思想深深影响着我国社会发展。在我国封建社会发展进程中，这一思想起着协调阶级矛盾的作用，一定程度上限制和弱化专制制度的残暴。在专制社会制度下，以民为本的思想基本依靠贤君贤臣来在政治中实现，它并非一种民主思想，更没有形成民主政治制度。即便如此，它依然为近代民主主义提供思想基础，其积极的历史价值是不容忽视的。从古至今，民本思想对促进社会和谐、社会进步都有着非常重要的现实意义。

三、天人合一、保护环境的精神

“天人合一”的精神是道家文化的精髓，它是我国最古老、最朴素的哲学思想，儒、释、道三家均有阐释和解释。“天人合一”思想最初由庄子提出，指人和自然的关系是不可分割的，强调自然与人为相互统一。天人合一思想，代表着东方文化最基本的思维模式，有着非同寻常的地位。现代国学大师钱穆先生认为，

① 高秀昌．墨子[M]．郑州：中州古籍出版社，2008.

② 同上。

中国文化过去最伟大的贡献，在于对“天”“人”关系的研究。“之所以西方文化一衰则不易再兴，而中国文化则屡扑屡起，能绵延数千年不断，这可说是因为中国传统文化精神，自古以来即能注意到不违背天，不违背自然，且又能与天命自然融合一体。中国文化对世界人类未来求生存之贡献，主要亦即在此。”①

“天人合一”思想体现在哲学领域，认为德不是人类所特有的，物质领域的宇宙也与人一样有生命、精神和道德。《易经·乾·文言》云：“夫君子与天地合其德，与日月合其光。”②意思是君子立德，要与天地的功德，日月的光明相契合。这句将“天地”与“日月”都看作有人格的事物。宇宙尚且有德，人作为宇宙的主人，更要磨炼自己真善美的品格。可见，天人合一的思想，其实也体现传统中对于人的自身修养的重视。人的一生需要不断通过“正德”“正己”，提升自己的境界加强自己的修养，达到君子甚至圣人的至高境界，才算真正做到天人合一。“地势坤，君子以厚德载物”，用天地的厚德之心爱人，做到“民，吾同胞；物，吾与也”。那么，就能实现人与人，人与自然之间平等和谐地相处，建立一个平等宽容的世界。中国传统文化中的天人合一思想，与西方近代把人当作会说话会劳动的“物”，把自然当作被征服的对象的理念是完全相反的。

从生态学保护环境的角度来分析“天人合一”的思想，可以看出，它将人与自然看作一个平等关系，都是生态链上的一部分。人和自然界的关系更像是一个统一的生命系统，人类尊重自然，保护环境，爱护动物，其实就是保护我们人类自己。孔子的“君赐生，必畜之”，孟子的“爱物”主张，都是这种思想的体现。孟子的“爱物”说，更多的是体现着现在“人与自然可持续发展”的思想。他主张要保护资源，打鱼不要用细渔网，给小鱼留下生路；伐树要遵循季节规律，不要影响树木生长，资源才能取之不尽。孔孟之后，儒家学派的学者又陆续提出尊重生命，热爱自然的思想。在资源匮乏，环境污染日益严重的今天，有着十分重大的意义。

从社会经济学角度分析，我国古代社会一直以自给自足的小农经济为主导。因此，就产生“顺应天时”的说法，提出劳作要尊重自然规律，“无夺农时”是

---

① 钱穆．中国文化对人类未来可有的贡献[J]．中国文化，1991（1）：93-96．

② 张振祥．周易[M]．北京：民主与建设出版社，2020．

获得物质回报的前提。同时，还要尊重经济规律。为了驾驭这些客观规律，又提出了“其功顺天者天助之，其功逆天者天违之。天之所助，虽小必大；天之所违，虽成必败。顺天者有其功，逆天者怀其凶，不可复振也气。”[①]

从政治学角度分析，“天人合一”的思想认为，宇宙万物中，天是最高的境界。因此，最高统治者也称“天子”。在古代，君权神授的观念深入人心，它一方面能够帮助统治者建立统一的社会秩序，维护社会稳定；另一方面，王权专制的制度又制约着社会的发展。在“天人合一”思想的影响下，古人相信政治会反映在自然现象中。国有明君贤臣，人民安居乐业，日月运转就正常；一旦出现反常的自然现象，就预示着社会可能会出现动乱，需要统治阶级检讨自身的德行和所推行的政策是否有失误。这种思想虽然带有一定的迷信色彩，但是在君主高高在上，中央集权的封建时代，这样的思想无疑也是对君主为首的统治阶级的监督和鞭策。

四、孝亲敬长、厚德载物的精神

“孝道”是中国传统文化中所提倡的基本伦理思想。它以血缘关系为纽带，建立起一种伦理纲常制度，和以孝悌治国、教化人民的思想一起，决定中国社会的政治机构和意识形态。孟子认为，国之本在家。意思是说，家庭是构成社会的基本单位，家庭构成宗族，宗族构成社会，进而是国家。只有家庭稳定，社会和谐国家才会稳定。家国同构的宗法制度，是推崇孝道、提倡伦理道德的社会基础。

古代宗法观念强调的是集体的和谐，因此，特别注重家庭成员之间的伦理纲常，提出要“父慈子孝，兄友弟恭”，要求小辈无条件服从长辈，一旦对长辈不尊重不服从，就会受到惩罚。宗法制度，一方面提出“亲亲”的原则，规定为人父母的义务就是养育子女；另一方面提出“尊尊”的原则，要求小辈服从长辈，妻子听从丈夫等，引申出臣子必须服从君主等一整套封建关系处理原则。传统文化中的“孝道”规定人们的基本行为准则，因此，中国文化也被称作“孝文化”。

孝的表现形式，首先就是尊重父母。其具体内容在儒家经典——《孝经》中有明确说明：“身体发肤，受之父母，不敢毁伤，孝之始也。立身行道，扬名于后世，以显父母，孝之终也。”又谓：“夫孝，始于事亲，中于事君，终于立身。”孝

① 吴文涛，张善良．管子[M]．北京：燕山出版社，1995．

子如何事亲呢？“居则致其敬，养则致其乐，病则致其忧，丧则致其哀，祭则致其严。”[①]《孝经》中还针对不同阶层的孝道，如天子、诸侯、士大夫、百姓该如何做到“孝”而做了专门的规定。当然，这些规定的本质是一种政治统治手段。孝文化认为，只有做到在家侍奉尊长，才能做到在朝廷忠君爱国。“爱亲者不敢恶于人，敬亲者不敢慢于人。爱敬尽于事亲，而德教加于百姓，刑于四海”[②]，试图通过控制社会成员的思想和行为准则，达到维护社会秩序的目的。虽然封建社会“孝道”的思想被无限制盲从，戕害人性，但不可忽视的是，“孝道”中尊敬父母、尊重师长的基本思想，经过数千年的社会实践证明，对于建立稳定和谐的家庭关系和社会关系是非常有帮助的。它也是一项中华民族传统的美德，深深扎根在每一个中华儿女的心中。同时，“孝道”也是现代文明提倡的重要内容之一，体现着中华民族的精神。

孟子说：“老吾老，以及人之老；幼吾幼，以及人之幼：天下可运于掌。”[③]意思是说尊重自己的长辈，然后再去尊重别人的长辈；爱护自己的子女，然后再去爱护别人的子女。这种推己及人的精神，在现代社会中同样值得提倡。用以处理人与人之间、人与社会之间的关系，每个人都能够设身处地地为别人着想，社会成员间的关系才能更和谐，社会才会更稳定。可见，中国传统文化中的孝亲及人的重要意义。

到了宋代，理学奠基人张载，将中国传统文化中这种“孝道”精神发扬光大，提出了“厚德载物”的思想。张载认为，社会成员都出自同一父母，即天地；自然万物都是人类的朋友。要做一个有道德的人，首先要有一颗宽厚慈爱的心灵，对待他人像对待自己一样，设身处地为别人着想；其次还要有爱护世间自然万物的胸怀，做到“仁民爱物”。

中国传统文化特别注重伦理道德精神，崇尚在政治上要施行“王道”和“仁政”。这就要求统治者要拥有良好的个人品德修养，完善自我的人格。这是因为，古人认为君子要“修身、齐家、治国、平天下”，想要做到“治国”“平天下”首先要做到“修身”，这是“治国”的基础。一个没有德行的人，是不能够很好地

① 舒大刚．孝经 [M]．济南：济南出版社，2018：102．

② 同上。

③ 金良年．孟子译注 [M]．上海：上海古籍出版社，2010．

管理国家的；道德高尚的人，才能把社会和国家治理好。正是因为如此，伦理道德才能够贯穿于中国传统文化的始末，融汇在精神文化和社会生活的每个方面，与每个人息息相关，成为中国传统文化最基本的精神之一。

第二章　中华优秀传统文化的伟大成就

中华民族能屹立世界之林五千年，与博大精深的中国传统文化不无关系。中华文化源远流长、博大精深，孕育许多辉煌灿烂的文化成果。本章主要讲述中华优秀传统文化的伟大成就，分别介绍中华优秀传统文化的思想成就、科技劳动成就和文学艺术成就。

第一节　中华优秀传统文化的思想成就

一、儒家思想

儒家思想是中国传统文化的主体，对中华民族乃至世界的发展产生过深远的影响，但儒家思想的主体地位并不是开始就有的，它的形成、发展、兴盛和衰落反映着历史发展的规律，与中国封建社会的兴亡息息相关。

（一）儒家的产生

探讨儒学的产生和发展，首先要面对儒的问题。究竟什么是儒，关系到儒学的性质，我们可以大体进行一下考证。

东汉许慎云："儒，柔也，术士之称。从人，需声。"①

东汉郑玄云："《儒行》者，以其记有道德者所行也。儒之言优也，柔也；能安人，能服人。又，儒者，濡也，以先王之道，能濡其身。"②

由以上关于"儒"的记载和解释我们可以看出，无论解释为柔、优还是儒，儒都是一种具有特殊行为方式或品格倾向的人。这种人最初是与"方士""伎"

① 许慎. 说文解字 [M]. 长沙：岳麓书社，2020.

② 陈虎. 礼记 [M]. 王红娟，译. 吉林：吉林大学出版社有限责任公司，2021.

联系在一起的。儒的产生是早于儒家学派的，而且儒家学派建立之后，也有些方士虽不是儒者却照样称儒。儒作为一类人究竟是怎样出现的，不同学者有不同看法。胡适认为儒最初是殷民族的教士；冯友兰认为儒不与殷民族有关；郭沫若则说儒本来是“邹鲁之士缙绅先生”的专号。总之，最初的儒应是有知识、懂礼仪、具有独立人格的一些知识分子，他们在春秋战国奴隶制度土崩瓦解的过程中发展成为一个特殊群体，他们凭借自身的知识，依托于各诸侯、大夫为生计。

现代意义上的儒是孔子建立儒家学派以后产生的。儒家作为一个独立的学派，在太史《史记》中始有评论。《史记·太史公自序》载：“儒者博而寡要，劳而少功，是以其事难尽从。然其序君臣父子之礼，列夫妇长幼之别，不可易也。”“夫儒者以六艺为法。六艺经传以千万数，累世不能通其学，当年不能究其礼，故曰博而寡要，劳而少功。若夫列君臣父子之礼，序夫妇长幼之别，虽百家弗能易也。”①

后来班固在《汉书》中又把儒家列为诸子之首，言曰：“儒家者流，盖出司徒之官，助人君顺阴阳明教化者也。游文于《六经》之中，留意于仁义之际，祖述尧舜，宪章文武，宗师仲尼，以重其言，于道最为高。”②

这段话全面说明儒家学派的来历、宗旨、始祖、宗师、经典和影响。

（二）孔子及其思想

1. 孔子的家世与生平

孔子，名丘，字仲尼，春秋时期鲁国陬邑（今山东曲阜东南）人。生于鲁襄公二十二年（公元前 551 年，周灵王二十一年），死于鲁哀公十六年（公元前 479 年，周敬王四十一年），享年 73 岁。

孔子的先人，为宋国贵族，是殷商后代，孟厘子曾说，“孔丘，圣人之后，灭于宋。”服虔曰：“圣人谓商汤。”杜预曰：“孔子六世祖孔父嘉为宋华督所杀，其子奔鲁也。”③始居鲁者，为孔子五世祖。孔父嘉之前为史籍所称道尚有二人：十世祖弗父何，本宋愍长子，当继嗣有国，以让国于弟鲋祀（宋厉公），声誉大振，世为宋大夫。七世祖正考父，佐宋之戴、武、宣三公，愈受命而愈恭谨，故

① 司马迁．史记 [M]．杨燕起，译．长沙：湖南岳麓书社有限责任公司，2021．

② 班固．汉书 [M]．桂林：漓江出版社，2018．

③ 司马迁．史记 [M]．武汉：崇文书局，2010．

考父庙之鼎铭云："一命而偻，再命而伛，三命而俯，循墙而走，亦莫余敢侮。"① 偻、伛、俯，其愈恭敬，人亦愈尊重。及居鲁后，孔子之父叔梁纥曾以战功显，因先妻所生九人皆女，妾生子孟皮又有足疾，故晚年乃娶颜氏女徵在为妻，而生孔子。叔梁纥与徵在年龄悬殊，婚时纥或在 64 岁之后，有违于礼仪，故《史记》称"纥与颜氏女野合而生孔子"。

孔子 3 岁时叔梁纥死，自幼全靠母徵在哺育教养。"孔子为儿嬉戏，常陈俎豆，设礼容。"② 孔子在孤儿寡母的艰辛生活之中，奋力自学的情景是不难想象的，17 岁时就颇以"知礼"而闻名，是年，鲁大夫孟厘子将死，即告诫其子："今孔丘年少好礼，……若必师之。"一说此事当在孔子 24 岁之时，其时，孔子母亲亦死，尚未弱冠的孔子便开始独立谋生。"及长，尝为季氏史（吏），料量平：尝以司职吏而畜蕃息。"③ 此即《孟子》所讲"委吏"与"乘田"，为季氏管理仓库账目与牛羊。大约自此之后，孔子曾去鲁，之齐逐乎宋、卫，困于陈蔡，返鲁，适周问礼等，一直到孔子 50 岁时，由于《史记》记载甚少，难以确系其事。鲁定公九年，孔子 51 岁，"定公以孔子为中都宰（中都县长），一年，四方皆则之。由中都宰为司空，由司空为大司寇"。④ 鲁定公十年（公元前 500 年），孔子参与了齐鲁"夹谷之会"，表现了相当的胆识与外交才能。鲁定公十三年夏，孔子提出"臣无藏甲，大夫毋百雉之城"的建议，并策划实施"堕三都"的活动。"定公十四年，孔子年五十六，由大司寇行摄相事""与闻国政三月，粥羔豚者弗饰贾，男女行者别于涂，涂不拾遗"⑤，由于"堕三都"受阻，内政已颇有危机，又值齐国以"女乐文马"腐蚀鲁国国君，使鲁君"往观终日，怠于政事"。既然道不得行，孔子只好出走，周游列国，开始长达 14 年的游荡生活。"孔子之去鲁凡十四岁而反乎鲁"，"然鲁终不能用孔子，孔子亦不求仕"。⑥ 此后，孔子即把主要精力用之于古代典籍的整理工作，直至终老。

---

① 左丘明．左传 [M]．北京：团结出版社，2017．
② 司马迁．史记 [M]．武汉：崇文书局，2010．
③ 崔述．洙泗考信录 [M]．北京：商务印书馆，1937．
④ 同②。
⑤ 同②。
⑥ 同②。

2. 孔子思想体系的核心——“仁”

孔子作为中国儒家学派的奠基人，首先就在于思想体系的奠基。就是说，儒家学派的一系列思想学说，均以孔子的思想学说为根基和源头。孔子既开创儒家学派，又是儒学的第一位大师，是“儒之所至”或“至圣”；而后世儒者，多数不能直接受教于孔子，其间私塾传承的纽带就是思想学说的联系。

仁，是孔子儒家思想学说最基本的范畴之一。近代多数学者认为，孔子思想体系的核心就是仁，这是符合实际的。《吕氏春秋·不二》篇曾以一字列举春秋战国时期十家之所贵，其中孔子即为“贵仁”。《庄子·天道》载老聃问孔子学说之“要”，孔子答曰：“要在仁义。”《尸子·广泽》言“孔子贵公”，“公”字所指，亦为人际关系的平等，无偏无私，实亦“仁”也。说孔子思想体系的核心是仁，表明孔子思想的各个组成部分正是环绕于“仁”而形成一个整体。

“仁”字在《论语》中出现百次以上，其含义宽泛而多变。每一次仁的用法和用意都各有不同，但从整体上来看，孔子的仁学思想是一个由近及远的结构，而结构间又互有交叉渗透。孔子的仁学思想在中国传统文化中处于极其重要的地位。

（三）董仲舒及其思想

1. 董仲舒的生平

董仲舒，广川（今河北枣强县东北广川镇）人。据清优苏舆推算，约生于汉文帝前元年（公元前 179 年），卒于汉武帝太初元年（公元前 104 年）。少治《春秋》，孝景时为博士。尝“下帷讲诵，弟子传以久次相授业，或莫见其面。盖三年不窥园。”[①]“仲舒治学，精思专一，志无他顾。故菜园虽在门庭，亦无暇窥视。或曰，仲舒尝乘马，而不觉其牝牡，亦言其志在经书。”此人品格，亦很受称道：“进退容止，非礼不行，学士皆师尊之。”[②]武帝征贤良对策，颇得赏识，“天子以仲舒为江都相，事易王。”[③]易王虽骄悍好勇，仲舒亦能“以礼谊匡正，王敬重焉”。[④]

---

① 班固. 汉书 [M]. 桂林：漓江出版社，2018.
② 同上。
③ 同上。
④ 同上。

当时位于辽东的高祖庙和长陵高园殿发生火灾，董仲舒以为这是上天对当政者的谴告，并由此推说当杀亲近权贵以自省。与仲舒并世的公孙弘亦治《春秋》，其学不如仲舒，却以曲意逢迎之术，位至公卿。仲舒为人廉直，声望益高，弘嫉之，欲加害仲舒。武帝之兄胶西王刘端为人纵恣暴戾，曾数害大臣，弘乃荐“独董仲舒可使相胶西王”。幸刘端亦知仲舒为当世大儒，竟“善待之”。仲舒亦恐时久获罪，乃称病免归。居家始终不问产业，专以修学著书为事。

《春秋繁露》本传言：“仲舒所著，皆明经术之意，及上书条教，凡百二十三篇。而说《春秋》事得失，《闻举》《玉杯》《蕃露》《清明》《竹林》之属，复数十篇，十余万言，皆传于后世。”[①] 依此，则《春秋》诸说当在“百二十三篇”之外。又，《汉书·艺文志》载，《诸子略》儒家类有“《董仲舒》百二十三篇”，《六艺路》《春秋》类有“《公羊董仲舒治狱》十六篇”。至《隋书·经籍志》，始于《春秋》类著录“《春秋繁露》十七卷”“《春秋决事》十卷”。今存者，仅《春秋繁露》十七卷、八十二篇。另有本传中之“天人三策”，及《汉书》《食货志》《五行志》中所引仲舒疏奏之片段。对于“繁露”（或“蕃露”）二字何解，《南宋馆阁书目》曾言：“‘繁露’之名，先儒未有释者。案《逸周书·王会解》：‘天子南面立，冕无繁露。’注云：繁露，冕之所垂也。有联贯之象。《春秋》属辞比事，仲舒立名，或取诸此。”[②] 董仲舒的主要思想观点，均见于此书和“天人三策”等文字中。

2．董仲舒的天人感应学说

天人感应学说，是一种以天为主宰的天人合一论。这既是董仲舒思想的核心，也是西汉今文经学的主导观点。

（四）朱熹及其思想

1．朱熹的生平

朱熹，字元晦，一字仲晦，号晦庵，别称紫阳，亦称晦翁、云谷老人，沧州病叟、遁翁等；徽州婺源（今属江西）人，生于南宋高宗建炎四年（1130年），卒于南宋宁宗庆元六年（1200年）。父朱松，字乔年，号韦斋，与李侗同学于罗从彦之门，曾举进士，历官司勋、吏部郎，因不附和议忤秦桧，出任福建尤溪县尉。

---

① 张清华．文白对照二十二子[M]．合肥：安徽文艺出版社，1996．

② 同上。

建炎四年罢官，寓尤溪城外毓秀峰下郑氏草堂，遂生熹。

绍兴十三年，朱熹十四岁时朱松逝世。朱松在与胡宪（籍溪）、刘白水（勉之）、刘屏山（子翚）三人诀别前，对朱熹说："这三人是我的好朋友，学有渊源，一直被我敬重，我死后，你要把他们当作父亲一样尊重，听从他们的教诲。"朱熹遵父遗嘱，师事三位先生，三人也视朱熹为子侄。刘勉之还将自己的女儿刘清四许配给朱熹。刘屏山给熹字"元晦"。没几年二刘相继亡故，朱熹受学胡宪时间最长。绍兴十八年（1148），朱熹十九岁，中王佐榜第五甲第九十名进士。二十二岁，授左迪功郎，赴任同安县主簿。朱熹为官贞正，清贫俭朴，正风俗、兴教化，治绩卓著，被人称赞为"三年之绩，有百年之思"。绍兴二十三年（1153），24的朱熹首次拜会李侗，回来后渐渐体会到李侗学问的正确。朱熹后来又多次拜见李侗，三十一岁时正式投在李侗门下，朝夕受教。隆兴元年，又被朝廷召见。入朝奏对治策，表示不同金人作战就不能复仇，不坚守边关就不能取得胜利。陈上古代先圣贤哲帝王们怎样发奋图强，巩固根本，威慑、制服边远之地的夷敌们的强国之道。当时宰相汤思退刚刚倡导同金讲和，任命朱熹担任武学博士，等待上任。乾道元年，催促他上任就职，到了任上而适逢洪适担任宰相，又主张同金讲和，因观点不相同，朱熹回乡，后来多次被召用，也都推辞了。淳熙二年（1175），和吕祖谦等人一起编写了《近思录》，后来又和陆九渊兄弟等人一起被吕祖谦邀请去鹅湖相会。淳熙五年，史浩再次担任宰相，任命他担任南康知军，皇上下诏合他上任就职，朱熹又推辞，但没有被允准。他到南康军，兴行利政，革除害事。走访白鹿洞书院遗址，上奏恢复原来的样子，制订《学规》使人遵守。淳熙八年二月，陆九渊特来南康拜访朱熹，请他为哥哥陆九龄写墓志铭。这时两人相见十分和洽。朱熹还邀请陆九渊在白鹿洞书院讲《论语》"君子喻于义，小人喻于利"这一章。淳熙八年（1181），朱熹南康任满。这一年浙东闹饥荒，宰相王淮举荐朱熹到浙东救荒。赈灾成功后，就开始惩处一个又一个贪官污吏和恶霸豪强，一个半月时间，连续六劾唐仲友，然而都成了废纸。朱熹淳熙九年十一月，愤而回到武夷山。在这之后朝廷多次任命都被他推辞。淳熙十六年（1189）十一月，朝廷任命朱熹知漳州。光宗绍熙元年（1190），朱熹六十一岁，四月上任，首下教令，奏行经界法，刻《五经》《四书》于郡。绍熙二年正月，朱熹因长子朱塾去世，便请祠归治丧事。绍熙二年（1191）五月二十四日，朱熹回到建阳，决定从五夫移居考亭。三年六月朱熹的考亭新居落成。从此这里又成了四方学子新的朝拜“圣地”，朱熹又开始了学术著述。绍熙五年（1194）六月九日，孝宗驾崩，光宗禅让，宁宗赵扩继位。八月五日，命朱熹为焕章阁待制兼侍讲，成为新君宁宗“钦点”的十名经筵讲官之一，此时，朝中政权围绕着以赵扩为代表的君权、赵汝愚为代表的相党、韩　胄为代表的近习势力和朱熹为代表的道学势力展开微妙的明争暗斗。朱熹最后一次进讲是闰十月十九日晚，他利用《大学》的格物致知正心诚意之说加以发挥，直接批评赵扩但崇空言、不务实行。赵扩忍气吞声四十多天后终于如决堤之水爆发，最后朱熹被赵扩驱逐出都。朱熹这位被逐出都门的帝王师于绍熙五年（1194）十一月二十日回到建阳考亭，不久竹林精舍（即沧州精舍）落成。宁宗庆元元年（1195）下半年，当权新贵打出反“伪学”旗号纷纷登台，枪口指向赵汝愚和朱熹，党禁迫害开始了。庆元三年正月，朱熹落职罢祠的文书和被朱熹视为道友的高足蔡元定的流放令同时下到，师徒俩放歌作别。庆元四年年初，反道学新贵开列了一份包括以赵汝愚为首的四名宰相、以朱熹为首的十三名待制以上官员在内的五十九人的伪逆党籍，被终身禁锢。朱熹回到建阳后，被各种疾病困扰，有大限临头的预感，更加抓紧著述。庆元六年（1200）三月初九日卒于建阳考亭，享年 71 岁。朱熹死后，于嘉泰（1201 年）初，学禁稍弛。后韩佣胄死，嘉定元年（1208 年）赐谥曰文，故世人称朱文公，理宗宝庆三年（1227 年）追封信国公，绍定三年（1230 年）追封徽国公，淳祐元年（1241 年）配祀学宫。

朱熹的著作，依《宋史·朱熹传》有《周易本义》《易学启蒙》《耆卦考误》《诗集传》《大学、中庸章句》等。

所编次者有《论孟集议》《家礼》等，又《仪礼经传通解》未脱稿。平生所为文，成《文集》百卷和《语类》80 卷、《别录》10 卷。

2．朱熹的理气说

朱熹思想体系的核心是天理论，其天理论以理气说为中心内容，这是承袭“二程”，特别是程颐的理气说，又吸收周（周敦颐）、张（张载）的思想综合而成。

理与太极。朱熹认为，理或天理是宇宙的根源、根本。《语类一》中记载：“未有天地之先，毕竟也只是理。有此理，便有此天地；若无此理，便亦无天地，无人无物，都无该载了。有理，便有气流行，发育万物。”

理是宇宙的根本。天地、人物都因理而有，都由最根本的理所产生、囊括、负载。“该载”，即是囊括、负载之意。有理才有气，由气化流行而发育万物。

宋代理学探讨宇宙存在之原理，基本上以一元论为根据。周敦颐言太极，邵雍言先天，张载言太虚之气，皆归宇宙万物为一个本原。朱熹以理为宇宙根源，以为天地万物总是一个天理，大体是继承周敦颐以太极为宇宙本体的思想。朱熹解之曰：“上天之载，无声无臭，而实造化之枢纽，品汇之根柢也，故曰无极而太极。非太极之外，复有无极也。”①他以“上天之载，无声无臭”（《文王》）解“无极”，以为宇宙本体是超离人的认识的；又以“造化之枢纽，品汇之根柢”谓“太极”，则说明此本体俨然存在，毫无可疑，是为实体。因此又说：“不言无极，则太极同于一物，而不足为万化之根。不言太极，则无极沦于空寂，而不能为万化之根。”②朱熹以“无极而太极”概括理、气两个方面，而以为太极即是理，其为宇宙本体非属气，亦非理气之外别为一物。“太极只是一个‘理字’。”“太极只是天地万物之理。在天地言，则天地中有太极；在万物言，则万物中各有太极。未有天地之先，毕竟是先有此理。动而生阳，亦只是理；静而生阴，亦只是理。”太极即是宇宙之本体（理），它作为本体是超越时间、空间，遍在充塞者，故朱熹在《答陆子静书》中曰，太极“无方所，无形状。以为在无物之前，而未尝不立于有物之后。以为在阴阳之外，而未尝不行乎阴阳之中。以为通贯全体无乎不在，则又初无声臭影响之可言也。”③无方所，无形状，无处不在，通贯全体。这里对于“太极”形状的描绘正合“未有天地之先，毕竟是先有此理”中“理”的含义。

理、气本是朱熹取自程颐的思想，但在程颐的理、气关系未得充分之发挥。朱熹论理、气关系，以理为本，而认为气是依附于理的，理、气有形而上与形而下之别。《语类一》中记载：“天下未有无理之气，亦未有无气之理。理未尝离乎气。然理形而上者，气形而下者。自形而上下言，岂无先后！理无形，气便粗，有渣滓。

① 秦海燕．优秀传统文化的传承与创新[M]．吉林：吉林出版集团股份有限公司，2018．

② 同上。

③ 同上。

气以成形，而理亦赋焉。”[1]

二、道家思想

道家思想在中国传统文化中占有重要地位，发挥过重要作用。道家思想包含两个重要组成部分，其一是以老子、庄子为代表的道家学派及其思想；其二是尊崇老子为尊神的“道教”宗教思想，这两者既有联系又有根本性的差别，共同构成道家思想。

道家思想源远流长，但道家作为诸子百家之一的学术流派，产生于春秋战国时期。在这一时期，中国社会生产力发展水平、政治制度和阶级关系都在发生显著变化。诸侯争霸，群雄并起，阶级矛盾日益尖锐，思想斗争也无比激烈，正是在这种情况下，道家学派应运而生。道家学派的创始人是老子，他也是后世道教尊奉的尊神。

（一）老子及其思想

1. 老子的生平

老子是道家学派的创始人在学术界早已达成共识，但老子究竟是什么样的人，《老子》一书成于何时，历来众说纷纭，莫衷一是。关于老子记载最多的是《史记》，其文曰：“老子者，楚苦县厉乡曲仁里人，姓李氏，名耳，字聃，周守藏室之史也。孔子适周，将问礼于老子。老子曰：‘子所言者，其人与骨皆已朽矣，独其言在耳。且君子得其时则驾，不得其时则蓬累而行。吾闻之，良贾浅藏若虚，君子盛德，容貌若愚。去子之骄气与多欲，态色与淫志，是皆无益于子之身。吾所以告子，若是而已。’孔子去，谓弟曰：‘鸟，吾知其能飞；鱼，吾知其能游；兽，吾知其能走；走者可以为阐，游者可以为纶，飞者可以为增。至于龙，吾不能知，其乘风云而上天。吾今日见老子其犹龙耶！’老子修道德，其学以自隐无名为务。居周久之，见周之衰，乃遂去。至关，关令尹喜曰：‘子将隐矣，强为我著书。’于是老子乃著书上下篇，言道德之意五千余言而去，莫知其所终。或曰，老莱子亦楚人也，著书十五篇，言道家之用，与孔子同时云。盖老子百有六十余岁，或言

---

① 秦海燕．优秀传统文化的传承与创新[M]．吉林：吉林出版集团股份有限公司，2018．

二百余岁，以其修道而养寿也。自孔子死之后百二十九年，而史记周太史修见秦献公曰：‘始秦与周合，合五百岁而离，离七十岁而霸王者出焉。’或曰修即老子，或曰非也，世莫知其然否。老子，隐君子也。老子之子名宗，宗为魏将，封于段干。宗子注，注子宫，宫玄孙假，假仕于汉孝文帝。而假之子解为胶西王印太傅，因家于齐焉。世之学老子者皆细儒学，儒学亦细老子。道不同不相为谋，岂谓是耶？李耳无为自化，清静自正。”①

《史记》关于老子就给出好几种说法，可见老子的确切情况，当时已无法考证。今参照《史记》考证与其他文献，一般以为老子就是老聃。《礼记·曾子问》记载了孔子述老聃之言四事，其中有这样的话：“昔者，吾从老聃助葬于巷党，及桓，日有食之。”老聃曰：“丘，止柩就道右，止哭以听变……”②此外，《庄子》之《天道》《天运》《田子方》都记载孔子求教于老聃之事。而《天道》从上下文贯通来看，是肯定老聃就是老子的。《天地》《知北游》亦记载有孔子、老子的问答。此外，《吕氏春秋·当染》亦认为孔子学于老聃。由此来看，老子就是老聃证据是充分的。

老子的著作《老子》又称《道德经》，书仅五千余言，然则博大精深上篇 37 章称《道篇》，集中阐述道的问题；下篇 44 章称“德篇”，围绕德的问题展开论述。老子《道德经》言简意赅，以五千多字阐发宇宙的起源、世界的存在方式、事物的发展规律、社会的种种矛盾和解决方法等。古往今来对《老子》一书仁者见仁，智者见智，各得其妙用。注《老子》之书更是数不胜数，足以见得老子的思想深邃精妙。

2.《老子》的哲学思想

《老子》哲学，在我国古代哲学史上，享有开山祖的重要地位。它的卓越贡献，是把“道”作为哲学的最高范畴。“道”，在我国古代最初用于表示人的路。这种“道”已含有“必须遵循”之意。后来被引申为道理、方法、原则。随着思维的发展，人们又把具有道理、方法、原则等含义的“道”，同天、地、人联系起来，从而产生了天道、地道、人道等概念。在此基础上进一步升华，产生了《老

---

① 司马迁．史记[M]．武汉：崇文书局，2010．

② 同上。

子》所说的“道”。这个“道”，既不同于平常说的道理、方法、原则等概念，也不同于天道、地道、人道等范畴。它是老子哲学的最高范畴。天道、地道、人道等，最终都要服从于“道”。老子认为，人法地，地法天，天法道，道法自然。人、地、天都要效法“道”。“道”，则是自己如此，自然而然。因此，“道”在《老子》哲学体系中高于一切、决定一切、推动一切。“道”含有如下两层意思：一是作为生育万物的本体；二是作为事物运动变化的规律。《老子》哲学就是围绕这两重属性而展开，并构成自己完整的体系。

《老子》对宇宙本原的探讨，首先提出“道”的概念，被看作是生育天地万物的本源，所谓“道生一,一生二,二生三,三生万物”。第一章有“无名天地之始，有名万物之母。”这里所说的“无名”与“有名”指代的就是“道”，将他们看作天地万物的开始和母体。第四章有“道，……渊兮，似万物之宗。”第六章说：“谷神（即道）不死，是谓玄牝。玄牝之门，是谓天地根。”不难看出，这里说的“万物之宗”“天地之根”，同第一章所说的“万物之母”“天地之始”意义相同，都是把“道”看作生育天地万物的本原。这一点，在第二十五章也有明显地透露。该章说：“有物混成，先天地生，可以为天地母。”[①]

（二）庄子及其思想

1. 庄子的生平

庄子名周，因此又被后人称作“庄周”，战国时期宋国蒙人（今属河南商丘东北）。曾经做过当地的漆园吏。蒙地在春秋和战国前期属宋，战国后期属梁。刘向《别录》称：“宋之蒙人也。”陆德明《经典释文·序录》称：“梁国蒙县人也。”庄子的出生与去世的具体年月我们今天无从得知，根据《史记》的记载，大概和梁惠王、齐宣王属于同一时期。又根据马叙伦《庄子年表》和其他史料考证，认为庄子大概生于公元前 369 年，卒于公元前 286 年。

关于庄子生平事迹，史籍记载甚少。《史记·老子韩非列传》记述有关庄子生平的一些片段，结合其他资料，大致情况如下。

庄子过着十分艰苦的生活，靠编织草鞋为生，有时还向别人借钱。由于营养

---

① 刘长允. 老子[M]. 济南：济南出版社，2019.

不良，他的颈子干细，面容黄瘦。与国君相会，是一件庄重的事，庄子却穿着补过的粗布大衫，脚上系着草鞋，这也说明他很穷困。

庄子不愿做官。《史记》本传谓楚王遣使臣请庄子去楚国为卿相，被他拒绝了。他的内心向往远祸全身、无官自轻。“惠子相梁，庄子往见之。或谓惠子曰：‘庄子来，为代子相。’于是惠子恐，搜于国中三日三夜。庄子见之曰：‘南方有鸟，其名鹓鸰（凤类），子知之乎？夫桐子，发于南海而飞于北海，非梧桐不止，非练实不食，非醴泉不饮。于是暗（鹤鹰）得腐鼠，过之，仰而视之曰：‘吓！今子欲以子之梁国而吓我邪！’”[①] 这虽是一个寓言，但也可说明庄周厌弃政治，以高洁而自由的凤凰自居，在他眼中，梁国的相位不过是一只发臭的死鼠，贪恋相位的惠施则是一只讨厌的暗鸟。

庄子对生死比较超脱。《列御寇》说，庄子将死，弟子欲厚葬之。庄子曰：“吾以天地为棺椁，以日月为连璧，星辰为珠玑，万物为赍送。吾葬具岂不备邪？”他的学生说，我们怕乌鸦和老鼠把你吃了啊！庄子说，在上让乌鸦吃，在下让蝼蚁吃，“夺彼在此，何其偏也。”（《庄子》）这是说，让天上的乌鸦和地上的老鼠蚂蚁都来吃吧，何必厚此薄彼，那不是太偏心吗？《至乐》记载：“庄子妻死，惠子吊之，庄子则方箕踞，鼓盆而歌。”惠施责备他不近人情。庄子说：“不然，是其始死也，我独何能无概（同慨）然察其死而本无生；非徒无生也，而本无形；非徒无形也，而本无气。杂乎芒芴之间，变而有气，气变而有形，形变而有生，今又变而有死，是相与为春夏秋冬时行也。”[②] 庄子把生与死看作是自然的变化，因而主张不用为死人悲伤。

庄子的著作。《庄子》一书是研究庄子学派思想的基本依据。最早说到《庄子》这部著作的人是司马迁，他说：“其著书十余万言，大抵率寓言也。作《渔父》《盗跖》《肤箧》，以诋孔子之徒，以明《老子》之术。《畏累虚》《亢桑子》之属，皆空语无事实。”（《史记·老子韩非列传》）这里只说“其著书十余万言”及其思想倾向，未言书名和篇章数目，更无内、外、杂篇之分。《汉书·艺文志》著录：“《庄子》五十二篇。”始有《庄子》之名。

---

① 司马迁. 史记[M]. 武汉：崇文书局，2010.

② 庄周. 庄子[M]. 长春：吉林大学出版社，2010.

2.《庄子》的哲学思想

(1)《庄子》的本体论

《庄子》同《老子》一样，把“道”作为产生世界万物的最后本体。它说：“夫道有情有信，无为无形；可传而不可受，可得而不可见；自本自根，未有天地，自古以固存；神鬼神帝，生天生地；在太极之先而不为高，在六极之下而不为深，先天地生而不为久，长于上古而不为老。”

这段话明确告诉我们，“道”虽然不能为人的感受所感知，但它确实是一种“自古以固存”的客观实体，它不仅能“神鬼神帝”，而且能“生天生地”。可见，“道”是产生世界万物的最后本原。

那么《庄子》的“道”究竟是物质的还是精神的呢？对于这个问题的答复，《庄子》存在互相矛盾的两种见解。

《则阳》中记载：“是故天地者，形之大者也；阴阳者，气之大者也，道为之公。”① 在这里，庄子将“道”看作是存在于天地间的阴阳之“气”，也就是天地、阴阳的共性。所以，又有“通天下一气耳”的说法。庄子认为，天地万物无穷无尽的变化，都是阴阳之气相交引起的。《田子方》中记载：“至阴肃肃，至阳赫赫。肃肃出乎天，赫赫出乎地，两者交通和，而物生焉。”② 这里将阴气和阳气相交产生的“道”，看作是世间万物产生的原初物质。

但是，这一观点，在《庄子》中并没有贯穿到底。它在承认“气”是万物本原的同时又提出了一种“无有”的概念。《天地》说：“泰初有无，无有无名；一之所起，有一而未形。物得以生，谓之德；未形者有分，且然无间，谓之命；留动而生物，物成生理，谓之形；形体保神，各有仪则，谓之性。”③

(2)《庄子》的规律观

《庄子》书中对道的描述，除了本体的意义为，还将“道”引申为一种存在于事物发展中的客观的规律。主要表现在他阐述的道物关系中。

从“道”与“物”的关系来看，《庄子》始终没有把“道”独立于物质世界之外，而是肯定道不离物。《庄子》的道，同帝王、神灵、日月、星辰等社会现

---

① 庄周．庄子[M]．长春：吉林大学出版社，2010.

② 同上。

③ 同上。

象和自然现象是密切关系在一起的，并且是贯穿和渗透于万物流动变化之中的。《知北游》说：“物物者与物无际（无分际），而物有际者，所谓物际者也。不际之际，际之不际者也。谓盈虚衰杀，彼为盈虚非盈虚，彼为衰杀非衰杀，彼为本末非本末，彼为积散非积散也。”这里的“物物者”“彼”皆指道。它说明自然界的盈虚、衰杀、本末、积聚之变化都体现着道的作用，同时又说明“道”是贯穿于一切事物运动变化之中的。明确说明“物物者与物无际”（道不离物）的文字是如下一则对话：

《庄子》把“道”看作世界万物的根本法则或固有规律，这是对《老子》提倡“知常”的思想的继承和发挥。它表明道家已经意识到，客观世界有其固有规律可循，只要我们认真探索，是可以顺应天道，获得改造客观世界的应有成效。这正是道家探索自然的根本目的。

(3)《庄子》的发展观

《庄子》哲学在继承《老子》哲学的同时，将《老子》的朴素辩证法推向极端，形成中国哲学史上最为典型的相对主义哲学体系。

（三）道教及道教思想

道家思想发展到东汉后期，开始向宗教形式演化。道教是中国土生土长的宗教，这与佛教是完全不同的。为什么推崇无神论的老子最后被奉为道教祖师，一个学术流派发展成一个宗教派别，这是有其深刻思想渊源的。就道教的信仰根源来讲，它与中国古代巫术、方术、原始宗教有着不可分割的联系。道教的所谓“道”，就与原始宗教有着千丝万缕的联系。

早期道教的形成标志是《太平经》的出现，最早的《太平经》成书于汉成帝时。《汉书·李寻传》称西汉成帝时“齐人甘忠可许造《天官历包元太平经》十二卷”，这部书言“汉家逢天地之大终，当更受命于天，天帝使真人赤精子，下教我此道”。这部书的重要意义在于，首先，它构筑了一个“天帝—真人—方士”的传授体系；其次，它把本来超然物外的神仙赋予了参与和影响现实社会的职能，因而具备了宗教经典的特征。此后，东汉顺帝时又出现了一部《太平经》，又名《太平青领书》。《后汉书·襄楷传》记载：“初，顺帝时，琅邪宫崇诣阙，上其师干吉（一作于吉）于曲阳泉水上所得神书百七十卷，皆缥白素牛介青首牛目，号《太平青领书》。其言以阴阳五行为家，而多巫觋杂语……”① 此后，张陵又有《太平洞极经》144 卷问世，自称为太上亲授。《太平经》成书汉代，版本众多，卷帙浩繁，今人考证多认为干吉、张陵的《太平经》是在甘忠可《天官包元太平经》基础上增添补充而成的。

《太平经》一书是集道家哲学、阴阳五行学说、原始宗教思想、方术、巫术和儒家观念为一体，建立起来的庞杂的宗教神学理论体系，标志着道教的产生。一个宗教有了经典，还必须有宗教信徒，才能称为“宗教”。甘忠可是否组织一定规模的宗教活动已无据可考。现存文献载，至东汉顺帝时道教已有了的一定形式的组织。早期道教组织有两大派别分别是五斗米道和太平道。

“五斗米道”，又称“天师道”“正一道”或“正一盟威之道”。创始人为沛国丰人张陵。道教徒称其为“张道陵”“张天师”“正一真人”等。其子张衡被称为“嗣师”，孙张鲁则被称为“系师”。张陵创立五斗米道于西蜀鹤鸣山，《后汉书·张鲁传》载，张陵客蜀，学道鹄鸣山中，造作道书，以惑百姓，从受道者出五斗米，故世号米贼。陵死，子衡行其道，衡死，鲁复行之。《后汉书·刘焉传》记载与此相同，但鹄作鹤。《华阳国志·汉中志》亦作鹤。据晋葛洪《神仙传》载，张陵，字辅汉，沛国丰人。汉留侯张良之后。少年时即精研道德经，旁及天文地理、河洛图纬之学。曾入太学，通达五经，举贤良方正直言极谏科。明帝时任巴郡江州令。后隐居北邙山，学长生之道，朝廷征为博士，不应。和帝征为太傅，三诏不就。顺帝时，修道于蜀中鹤鸣山。称得太上老君“授以三天正法，命为天师”，为“三天法师正一真人”，并作道书 24 篇，创五斗米道。其道尊老子为教主，奉《老子五千文》为经典。

早期道教另一派别为“太平道”，张角所创《后汉书·皇甫嵩传》中记载：“初，逐鹿张角，自称大贤良师，奉事黄老道，畜养弟子，跪拜首过，符水呪说以疗病，病者颇愈，百姓信向之。角因遣弟子八人使于四方，以善道教化天下，转相诳惑。十余年间，众徒数长吏多逃亡，旬日之间，天下响应，京师震动。”从这段记载我们可以看出，张角等奉黄帝、老子为尊神，自称“大贤良师”，乃取意于《太平经》中“众星亿亿，不若一日之明也；柱天群、行之言，不若国一贤良也”，

① 秦海燕. 优秀传统文化的传承与创新 [M]. 吉林：吉林出版集团股份有限公司，2018.

所以其经典为《太平经》。

五斗米道与太平道共同的特点都是尊奉老子为尊神，各有经典、信徒，这正是宗教所具备的特征，所以后世把五斗米道与太平道作为道教的最初组织形式。黄巾起义失败后，太平道因受镇压而消亡，五斗米道却随着张鲁降魏和其北迁，得到进一步传播与发展。此后五斗米道（或天师道）迅速发展，内容进一步丰富，理论更加完善，传播范围更加广泛，终于成为在中国历史上产生深远影响的宗教。

随着士大夫阶层的加入，五斗米道逐渐被改造成真正意义上的道教，并分化出许多重要的派别。除了原来的天师道继续作为道教的一个重要派别传播外，还出现了上清、灵宝等派别，道教的经典和神仙体系也得到壮大发展。但由于道教的形成和传播多在民间进行，道教不同派别对教义的领会差别很大，组织形式还不完善等，这些弊端使道教矛盾也日益突出。在这个时候，南朝陆修静和北朝寇谦之先后在南北方对道教进行改造和完善，使道教逐渐走向成熟。

陆修静和寇谦之吸收儒家思想系统地整理了道教经典，修改道教的教规戒律，完善道教宗教仪范，使道教在与佛教的激烈斗争中发展成熟。隋唐时期，随着国家的统一，南北方道教逐渐融合，又因为统治者的信任与支持，道教终于发展成熟，并在宋朝达到鼎盛。

在唐王朝政权建立过程中，道教曾发挥重要作用。如茅山道领袖王远知，本与隋炀帝交往甚密，杨广曾对他执弟子礼，但当他看到李渊要取得政权时，就立即向李渊“预告受命之符”。《混元圣记·卷八》载：初，高祖诏玉清观道士王远知，授朝散大夫，赐金缕冠，紫丝霞帔，以远知常奉老君旨，预告受命之符也。这正是李氏政权对道教的回报。除此以外，为感谢道教对李氏王朝建立的支持，李渊登皇帝位后，对道教大加提倡，并追认道教祖师李耳为自己的祖先。这样，既使李氏统治者借助老子的名声提高自己的门第，又使李氏政权获得了“神化”。当然，获得益处最大的还是道教。为提高道教的地位，李渊曾三次召集儒、道、释三教进行辩论，在辩论没有结果的情况下强行规定道大佛小。武德八年颁布《先老后释诏》明确规定道在儒、释之上。李渊之后，李世民在争夺皇位中又得到道士的有力支持。《旧唐书·王远知传》中记载：“武德中，太宗平王世充，与房玄龄微服以谒之。远知迎谓曰：“此中有圣人，得非秦王乎？”太宗因以实告，远知曰：“方作太平天子，愿自惜也。”滑州道士薛颐，也向李世民密告符命曰：“德星守秦分，王当有天下，愿王自爱。”[1] 所以李世民继位之后，再次下诏规定道士、女冠在僧、尼之上。此后，道教仅在武则天当政时期受到短暂压抑，一直顺利发展，在封建政权的支持下道教理论不断丰富，道教信徒人数空前增多。宋王朝建立后，历代皇帝都对道教信奉有加，宋徽宗赵佶甚至自封“教主道君皇帝”，以道教教主自居。他还大肆封赏道士，大修宫观，倡学道经，令学者治《御注道德经》在优秀者的狂热信奉下，道教空前繁荣，达到鼎盛时期。

宋灭元兴，道教并未受到太多冲击。历代统治者出于各种原因，依然对道教给予很大支持。道教天师派、全真派依然在民间有极大影响，与其他派别渐渐呈现出融合趋势。明朝朱元璋取得政权后，一方面继续利用道教，优待道教领袖；另一方面加强对道教的管理和控制。清朝时期基本继承明朝时期的宗教政策，乾隆皇帝即位后，开始实施贬抑道教的政策。

第二节　中华优秀传统文化的科技劳动成就

长期“忽视自然哲学和科学技术”是中国古代传统教育的弊端。如中国古代就无“科学”一词，仅有“科”字，是类别、等级之意。中国古代“技术”一词则出现较早，如在《史记·货殖列传》中记载“医方诸食技术之人，焦神极能。为重精也。”所以，我国古代传统科技虽“未能占据主导地位”，但也不乏令人瞩目的历史与成就和对教育的若干影响。

一、四大发明

在光辉灿烂的中国古代科技发明中，闪烁着四颗光彩夺目的巨星，这就是举世闻名的四大发明——造纸术、火药、指南针和印刷术，它集中体现了我国古代文明水平，改变了整个世界文明的历史进程。

（一）火药

火药是我国四大发明之一，它蕴藏着巨大的能力，在外界适当能力作用下，

---

① 秦海燕．优秀传统文化的传承与创新[M]．吉林：吉林出版集团股份有限公司，2018．

能够快速燃烧，产生大量高温燃气物质。火药作为兵器的使用，开辟了近代世界的发展。

火药的发明经历了一个渐进的过程。商周时期，人们就开始在冶金中使用木炭，到了春秋战国时期又发现火药中另外两个配方——硫黄、硝石的性能。汉唐时期，炼丹家将硝石、硫黄（硝酸钾）用“伏硫黄法”或“伏火矾法”处理，混入炭末，按一定比例配合，就成了火药。唐朝孙思邈的《丹经》中就有记录，它是目前世界上最早的有文字记载的火药配方。

13 世纪中国火药技术经印度传入阿拉伯和波斯，其后又由阿拉伯传至欧洲，英法各国到 14 世纪中期才逐渐掌握火药的制造技术，使欧洲历史发生重大的改变。

（二）指南针

指南针在古代又叫作“司南”，它是一种利用装在轴上的磁针，根据天然地磁场的作用来确定方向的工具。它最早出现在我国的战国时期，根据王允的《论衡·是应》记载：“司南之杓，投之于地，其柢指南。”“柢”是勺子，司南是一种磁性指向器。司南最早应用于古代的祭祀、礼仪、军事和占卜时候看风水确定方位。司南出现之前，我国先祖就发现磁石的作用。在春秋战国时期，有“上有慈（磁）石者，下有铜金”，“慈（磁）石召铁，或引之也”的记载。欧洲直到 17 世纪，才有类似磁铁功能的记载。

但是，天然磁铁的稳定性比较差，导致司南指示方向的准确率是有偏差的。于是，人们又开始技术改进，不仅从装置上进行改进，还实现了对天然磁石到人工磁化的转化。直到宋代，出现了更为准确的指南鱼、指南龟、指南针。

指南针在航海中的应用，使中国的航海术在当时达到世界最高水平。阿拉伯人、波斯人、罗马人从海路来中国经商，中国人的指南针导航技术很快就传到他们手中。大约到 12 世纪，指南针经阿拉伯传入欧洲。

（三）造纸术

纸使人类文明得以很好地保存和传播，纸的发明具有划时代的意义。我国古代劳动人民很早就探索着文化传媒的载体，在植物纤维纸出现之前，金石、竹帛都曾经作为书写材料。这些材料既笨重又昂贵，都不是理想的书写佳品。

目前，我国发现的最早的植物纤维纸，是西汉初期用麻制作的纤维纸。这也是世界上发现的最早的纸。东汉的宦官蔡伦，掌握了前代造纸技术并进行技术和原材料的改造。他扩大造纸原料，不仅用麻、破布、渔网，还用了树皮为原料。这样不仅降低了成本，还大大提高了纸的质量。公元 105 年，蔡伦将这种纸献给朝廷，从此便传遍全国各地，并被称为“蔡侯纸”。由此，蔡伦也被公认为造纸业的祖师。唐宋时期，造纸业不断发展，造纸技术不断改革，出现了皮纸、宣纸、蜀纸、苏纸、池纸等名纸。明代宋应星在其名著《天工开物》中详细记载了造纸的一般工序和相关技术，表明造纸业又有了进一步发展和提高。清代的宣纸，纸色洁白光艳，久不变色，韧性极强，久折不断，有“纸寿千年”的称誉。

大约在 3 世纪，中国的造纸术首先传入越南，之后传入朝鲜、日本、印度。大约 8 世纪中叶，造纸术西传阿拉伯，12 世纪由阿拉伯传到欧洲，以后逐渐传到世界各地。

（四）印刷术

有了纸，就有了现代意义上的书籍。被誉为“文明之母”的印刷术的发明，开创了书籍的历史新纪元，对人类文化的传播和发展具有重要意义。

中国的印刷术源于 4 世纪，人们用纸在石碑上拓印，以得到黑底白字的拓本。印刷术在拓印的基础上，经过雕版印刷和活字印刷两个阶段。

隋唐时，人们在最原始的印刷方法——拓印的基础上发明了雕版印刷，采用优质、细密的木材，上面刻出阳文反字，然后涂以墨汁复印纸上。唐代印制的《金刚经》，雕刻精美，印刷清晰鲜明，是世界上最早的、有明确日期的印刷物。到了宋代，雕版印刷技术趋于完善，雕版印本十分精美。

雕版印刷虽优于手抄百倍，但它浪费材料、人力，很不经济实用。北宋庆历年间，平民毕昇在总结前人经验的基础上，长期实践探索，终于发明了活字印刷术。用胶泥刻字，薄如钱唇，每字为一印，火烧令坚。先设一铁板，其上以松脂蜡和纸灰之类冒之。欲印则以一铁范置铁板上，乃密布字印，满铁范为一板，持就火炀之。药稍熔，则以一平板按其面，则字平如砥。这种方法弥补了雕版印刷的不足，同时提高了印刷效率，把印刷术推到了一个新的阶段，是印刷史上的又一次重要的技术革命。元代王桢完善并推广木活字印刷法，并在他的农学名著《农书》中记录了“造活字印书法”，这是世界上最早阐述活字印刷工艺的著作。随着时代的进步，后来又出现过磁、锡、铜、铅等金属活字，把活字印刷推向一个新的发展阶段。

11 世纪初，雕版印刷术传入朝鲜，后又传入越南、伊朗、埃及和欧洲各国。14 世纪开始，随着交通的发展，活字印刷术首先向东传入邻近的朝鲜和日本。接着，又随着丝绸之路从新疆传到高加索、小亚细亚和埃及。印刷术向西传入欧洲具有特别重要的意义，改变欧洲的社会文化环境。印刷术的发明，改变只有贵族和僧侣才有机会读书的状况，从此普通人也可以接受教育和阅读书籍。

二、中医药学

中国的医药学是医病治伤和保健延年的民族医学，它以完整而博大精深的理论体系、高超的医疗技术和丰富的典籍闻名于世。

（一）医学理论

中医学理论基础是中医学的核心部分，它是在长期的医疗实践中逐渐产生、日益发展起来的。

中医学理论基础形成于春秋战国时期，著名医生扁鹊在诊治过程中采用“望、闻、问、切”——四诊法，形成中医诊断病情的基本方法。战国时期的《黄帝内经》是一部专门论述中医基本理论的著作，为中医学理论奠定了基础。《黄帝内经》简称《内经》，是一部医学理论与临床实践相结合的古典医学名著。全书共 18 卷，分为《素问》和《针经》两部分，唐代以后将《针经》改称《灵枢》。该书强调中医诊疗疾病的“整体观念”思想，这种思想集中表现为“阴阳五行学说”（包括阴阳说和五行说）和“四时六气论”。

“阴阳说”认为世界上的任何事物和现象都由阴、阳两个方面构成，人体健康时，阴阳两方面应该是相对平衡的，一旦阴阳的相对平衡被破坏，就会生病。因此，中医看病首先要诊断病人的阴阳盛虚，然后才能有的放矢，对症下药。“五行说”把木、火、土、金、水五行结合到人体中，以五脏为中心构成一个循环。中医五行，有“五脏”（肝、心、脾、肺、肾），“五腑”（胆、小肠、胃、大肠、膀胱），“五体”（筋、脉、皮、肉、骨），“五官”（目、舌、口、鼻、耳），五华（爪、面、唇、毛、发）。中医在将上述人体器官组织分别归属五行的同时，又以五行的特殊性来阐述五脏、五腑、五体、五官、五华这些人体器官的生理功能和彼此间的关系。“四时六气论”是把疾病纳入季节时令（乃至风、雨、晦、明）背景下的综合考虑，它是一个科学的系统观念。

两汉三国时期，中医学理论得到不断的发展和在实践中的进一步验证，同时临床医学理论中的辨证施治也开始得到发展。东汉内科名医张仲景在《伤寒杂病论》中采用传统四诊法，总结了汗、吐、下、和、温、清、消、补八法，并创造性地提出了中医诊断学中“六经辨证”的方法，确立中医传统的辨证诊治的医疗原则，为我国中医治疗学奠定坚实的基础。《伤寒杂病论》分为《伤寒论》《金匮要略》两部分，共收 300 多个药方，包括一些经过千百年临床实践检验的著名药方。《伤寒杂病论》是中医史上第一部理、法、方、药齐备的里程碑式的著作，被后世医学界尊为“众方之宗，万方之祖”“万世宝典”。同时，张仲景也获得了“医圣”的美誉。《伤寒论》和《金匮要略》二书与《黄帝内经》《神农本草经》并称为“中医学四大经典”。

（二）药学理论

中国古代医学使用中药治疗疾病，这是中医区别于其他医学的主要标志。随着中医学理论的不断发展和完善，与中医学密切相关的中药学也取得世人瞩目的伟大成就。

几千年来，中国人民在对中药学的探索过程中，形成众多的医药学著作。我国现存最早的药物学专著是汉代成书的《神农本草经》。书中载有：“上药一百二十种为君，主养命；中药一百二十种为臣，主养性；下药一百二十种为佐使，主治病。用药须合和君臣佐使。”通过主药与辅药之间的君、臣、佐使理论，反映药物配伍的原则，为药学基本理论奠定基础。该书还记录植物药 252 种，动物药 67 种，矿物药 46 种，分上、中、下三品，包括有毒和无毒；并且对每一味药物的产地、药性、采集和主治的病症均做了详细的说明，并发现许多特效的药物。南北朝时期，陶弘景著《本草经集注》，创立了当时较为科学的药物分类：他一方面将药物（包括植物、动物、矿物等）分为五石、草木、虫兽、果、菜、米食、有名未用七类；另一方面依据药物性能及疗效为标准，区分为八十多类。这种独创的分类法便于临床处方参考，促进了医药学的发展。同时，我国最早的制药学专著《雷公炮炙论》问世，本书记载的制药理论与方法对后世产生了重要影响。

明清时期，李时珍的《本草纲目》是一部对中国16世纪以前的本草之学的集大成的著作。李时珍用27年时间亲自到许多地方访问，采集标本，摹绘图像，并参考了800余种有关书籍，三易其稿完成的。全书52卷，把药物按其自然形态分为16部，部下又分为60类，记载药物1 892种，附图1 162幅，收入药方11 096个。李时珍尊重科学，批判了以往不合理的传说，吸收了宋元以来进步的药理学说，记载并肯定了最新发现的药物（如三七、曼陀罗、大风子等），同时保存、介绍了以往本草方面的理论，把我国的药物学研究推向一个新阶段。他还在陶弘景《本草经集注》分类的基础上，创立当时世界上最科学的一部药物分类法。《本草纲目》内容广博，它不仅是一部医学著作，也是一部植物学巨著。17世纪中叶，波兰人把《本草纲目》译成《中国植物志》，出版后在欧洲植物学界产生了极大的反响。此后，《本草纲目》先后被译成日、英、德、法、俄、拉丁等多种文字，在世界各国产生了深远影响。

（三）针灸疗法

针灸疗法是中国医学中一套独特的治疗疾病的方法，是我国古代医学的宝贵遗产。针灸疗法就是在病人身体某一部位用针刺或用火温热烧灼。我国的针灸疗法历史悠久，起源于新石器时代为患者解除痛苦的“破石”或“针破”疗法。针灸疗法的理论基础是经络学。针灸之所以有疗效，是因为针灸的刺激部位和针灸所引起的机体传导之间产生作用。医学经典《黄帝内经》中的《灵枢》九卷专讲针灸技术，素有“针经”之誉。《灵枢》把人体经脉总括为12根主脉（12经），由经脉派生而达到身体末端的是络脉，并对每条经脉的循行部位，以及经脉和疾病、治疗的关系等做了全面的阐述。在经脉学说的基础上又进一步发展了“脸穴”又称“孔穴”或“穴位”。晋代皇甫谧撰写的《针灸甲乙经》，整理出654个穴位。12经分别从手足开始，经脉通过身体的五脏六腑和六包，通过身体循环又回到手足。沿着经脉，分布着许许多多的穴位，当用物体刺激到这些穴位时，经脉会将刺激传给五脏六腑，最终达到治疗疾病的效果。这就是针灸疗法的原理。

针灸疗法发展到春秋战国时期，已经相当普遍。湖南省长沙市马王堆汉墓出土的帛书中就有《足臂十一脉灸经》《阴阳十一脉灸经》。两汉时期，针灸学的研究有了进一步提高，涌现出一批，如淳于意、张仲景、华佗等针药并用的医林高手。隋唐以后，大量的有关针灸学方面著作涌现，那时名医孙思邈、王春还绘制针灸专用图。为了便于教学示范，北宋医学家王惟一特意监铸立体的针灸铜人，并撰写了与之相适应的《新铸铜人脸穴针灸图经》，给医学针灸的推广普及带来极大的方便。正是在日益广泛的临床应用实践中，中国的针灸技术和针灸学著作逐渐在亚洲和世界各地传播开来。

三、农学

中华民族以农业为根本，辅以林、牧、渔业的立国方针，是由华夏大地特定的自然条件和地理环境决定的。我国的农业生产有着相当悠久的历史，与同时代的其他国家相比，中国的传统农业雄踞前列，不论是在农具、农业技术方面还是在农学研究方面，都具有很大优势。从某种意义上说，中国文明发达的程度是以农业科学技术发展水平作为衡量依据的。

（一）农具

我国古代劳动人民在长期的生产实践中，发明制作种类繁多并处于世界领先地位的农具，对我国农业乃至世界农业作出重要的贡献。

铁犁和犁壁的使用，对我国古代农业的发展具有划时代意义，标志着我国已由原始农业过渡到传统农业。春秋战国时期，是我国第一次农具大变革时期，由原始耒耜演变而来的铁犁，普遍用于农业生产，加之牛耕技术的推广，确立了我国封建社会最基本的耕地方法。到了汉代，犁壁（又叫犁镜）作为犁的得力辅助部件开始在农业生产中应用。利用它，可将犁起的土翻到一边，使土落成整齐的垄坑而不致堵塞，有利于增强耕犁的松土、碎土的能力，提高土壤耕作质量。这种形式不同的犁壁可以将土壤翻成不同形状，是当时世界上最先进的犁具。欧洲直到 11 世纪才有犁壁的记载。这种带有犁壁的中国犁于公元 17 世纪传入荷兰、英国，之后又经英格兰、荷兰分别传到苏格兰、美国和法国。

随着农具种类的增加、效率的提高，不仅用于翻耕的农具得到推广，还出现了提高种植技术的工具。大约在汉代以前，中国出现了世界上最先进的“播种机”——耧车，这种耧车只需一头牛或一匹马来拉，就可以按照控制的速度把种子均匀地播撒在土壤中。汉武帝时，赵过在原始耧的基础上进行改进，创造出更先进的能同时播种三行的三脚耧。《齐民要术》中提到“三脚耧”时说：“三犁共一牛，一人将之，下种，挽耧皆取备焉，日种一顷。”三行播种机将开沟、下种、覆盖三道工序结合在一起来完成，表现了我国劳动人民在机械制造上的突出才能，是当时举世罕见的。《农书》中记载：“下粪耧种”时说：“近有创制下粪耧种，于耧斗后另置筛过细粪，或拌蚕沙，耩时随种而下，覆于种上，尤巧便也。”粪耧是在原来耧车的基础上增加了一道施肥的工序，进一步提高了工作效率，可与现代播种机媲美。

（二）农业技术

在长期的农业生产过程中，随着农具的普遍应用和不断改进，中国古代农民总结了一整套先进的农业生产技术和宝贵的农业生产经验。

一是选种和栽培。中国古代农民对农作物保持纯种、防止混杂的重要性早有认识。据汉代《氾胜之书》中的“穗选”记载，要选择粒大、饱满而纯净的谷物穗子作为种子。为了保护良种，还提出用药水浸拌的办法。《齐民要术》甚至总结出一套较完整的良种繁育规则，精选的种子应单种、单收、单打、单藏，以保证品种的纯度。《齐民要术》中还介绍作物浸种后可使种子快速发芽的经验。我国古代的栽培技术也是当时世界上最先进的。公元前6世纪，中国就已经采用了分行栽培作物的技术。

二是鉴别土壤和改良土壤。早在春秋战国时期，中国古代农民就注意到因地制宜的耕作方法，对土壤的研究已经相当深入。《禹贡》中不仅论述九州土壤的性质，还依据土地的特点区分等级。《管子・地员》中，依土壤肥瘠的程度，将九州土地分为上、中、下三级共十八种，因土制宜，分别种植各类作物。人们在区别土质的基础上，努力改良土壤。战国时，人们发明了引水灌溉、洗去盐碱的改土方法，使不毛的盐碱之地得以庄稼茂盛。汉代《氾胜之书》中记载有“强土弱之”“弱土强之”等方法。《汉书·沟洫志》和《吕氏春秋》都提到魏襄王领导人们引漳河水灌溉盐碱地成为良田。这是我国改良盐碱地的最早记录。明代时，人们还利用一种耐盐碱植物——水稗改良土壤，将盐碱地转化为丰产田。

三是精耕细作和用田养田。我国古代农民的杰出创造，还表现在科学地利用土壤，充分发挥“地力”的效能，使土地“常新”壮而不衰。弃耕制是早期恢复地力的主要方法。大约在西周时期，我们的祖先创造轮流休耕的三圃制。具体做法是，每年将可耕地的三分之一留下来休耕，旨在培养土地的肥力。在汉代还实行过“区种法”，即将田地分为上、中、下三级农区，按等级采取不同的耕作方法。这样可以节省人力、物力，提高单位面积产量。至明代，又发明了一种新的方法——亲田法，是把所有土地分为五部分，每年对其中的一部分使用水、肥，精心管理，以后逐年轮换。合理利用时间空间采用轮作，使轮作物生长期前后衔接，尽量提高土地利用率，也是我国农业的优良传统。

四是精细的田间管理。中国农业丰产的关键是精心、细致的田间管理。早在春秋战国时期，人们已经总结出施粪可以增长土壤肥力的经验。《荀子·富国篇》中提道：“刺草殖谷，多粪肥田，是农夫众庶之事也。”《韩非子》中也有记载：“积力于田畴，必且粪灌。”到了汉代，施用腐熟的粪尿和谷草肥田已较为普遍，后来又用绿肥以及旧墙土、草木灰、骨渣、骨灰、石灰、豆饼等，按土壤性质的不同因地制宜地施用。此外，“锄不厌数”是我国古代农民在实践中总结出来的宝贵经验。《韩非子·外储》中提道：“耕者且深，耨者熟耘也。”北魏农学家贾思勰还特别强调因时制宜、因地制宜，并根据北方春季多风缺雨的特点，在《齐民要术》中论述了勤锄勤耙的重要作用。

另外，中国古代农民在与大自然“作斗争”的过程中，敢于“制天命而用之”，并总结出如药物除虫、防霜冻等关于防止农业灾害的宝贵经验，这些经验直到现在仍然沿用，并受到广大农民的由衷赞赏和喜爱。

（三）农学研究

中国自古就以农业为本，十分重视农业生产。随着古代农业的发展，农学著作日益丰富，内容涉及农业生产的各个方面。其中《齐民要术》《农书》《农政全书》

堪称“三大农书”，这些专著既是古代众多农学著作中的代表作，也是中国传统文化宝库中不可多得的璀璨明珠。

《齐民要术》为北魏杰出农学家贾思勰所著。全书分为10卷，共92篇。本书记述农具使用、作物栽培、耕作技术、经济林木生产、野生植物的利用、畜牧兽医和食品加工等，几乎是一部农学百科全书。《齐民要术》初步建立中国农学科学体系，是我国现存的一部最早、最完整的农学专著，也是世界上的优秀著作之一。

《农书》是元代著名农学家王桢的代表作。全书共37卷，270目，300余幅插图。全书由《农桑通诀》《百谷谱》《农器图谱》三部分组成。该书不仅系统地阐述了我国农业生产的起源和发展，农作物的栽培技术，还详尽地介绍包括王桢本人制造的257种农具、农业机械和生活用具，绘成图谱306幅，并附有文字说明，具有很高的实用性。本书称得上继《齐民要术》之后的又一部内容广博、系统完善的农学专著。

《农政全书》系明末杰出的科学家徐光启所著的一部传统农业总结性巨作。全书60卷，共50多万字，引证文献200多种。该书在汲取西方农业技术成果的基础上，总结了包括农本、田制、农时、水利、农器、数艺、蚕桑、种植、牧养、制造等农业生产技术方面的内容，还论述发展农业的政策、制度、措施等内容。《农政全书》反映了我国农业生产发展的辉煌成就，是集我国农业科学之大成的一部宝贵遗产。

中国古代农学著作总结中国传统农业的伟大成就，记述一个源远流长的农业文明的成长历程，阐述了与农业文明息息相关的农学思想，成为中国传统文化的重要构成部分。

四、天文学

天文学是古代中国最主要的自然科学之一，也是起源最早的科学之一。中国古代的天文学，无论在天象观测、天文仪器、阴阳历法还是宇宙结构理论研究方面，都是极其出色的，并在很长时期里始终稳居世界最前列，为中华文明的发展作出了卓越的贡献。

（一）天象观测

中国自古至今就有连续、丰富、准确的天象记录，并且后来的世界天文学界公认古代中国的天文记录是世界之最，是中华民族留给世界的历史瑰宝。

从商代甲骨文起，已经有了关于日食和月食现象的详尽记录，开创了世界上最早的日食、月食记载。《史记》和《清史稿》中记载，从春秋到清同治十一年（1872 年）共约 2 600 多年间总共有 985 次日食，其中只有 8 次有误差，误差率只有 0.81%，可见准确率是相当高的。据《殷墟文字甲编》《库方二氏藏甲骨卜辞》《殷墟文字丙编》中月食的记载，最早的月食可能发生在公元前 1279 年 9 月 1 日、公元前 1311 年 11 月 3 日、公元前 1229 年 12 月，这些记载比世界上其他最早的古埃及记载（公元前 721 年）要早许多个世纪。有学者统计，从商朝时期到公元 1943 年，我国共记载月食 2 000 多次，这个数量是整个世界上其他国家都无法比拟的。

公元前 140 年，《淮南子》中“日中有乌”第一次明确提到太阳黑子。《汉书·五行志》中记载：“河平元年（公元前 28 年）三月乙未，日出黄，有黑气如大钱，居有中。”这段文字将黑子产生的时间、形状和位置都叙述得十分清楚，是世界上最早、最完整的关于黑子的记录。欧洲直到 17 世纪初伽利略发明天文望远镜以后才得以观测到黑子。另外，我国天文学史工作者据记载加以统计，发现太阳黑子高峰周期为 11.33 年，这与现代科学的研究数据非常相近。

彗星，中国古代又称“孛星”“长星”“蓬星”等。《春秋》鲁文公十四年（前 613 年）秋七月，“有星孛入北斗”，是世界上最早的哈雷彗星记载，比西方要早 670 多年。由此至辛亥革命（1911 年），我国记录的彗星有 500 多次，其中哈雷彗星 30 多次，并且对彗星的形状、时间、路线方位等都有明确的记录。1973 年，长沙马王堆三号汉墓出土的帛书《天文云气杂占》中有一幅彗星图，图中绘有 29 种不同形状的彗星图形。这是世界上最早的并加以分类的彗星图，领先于欧洲一个半多世纪。

中国古代关于“客星”即新星或超新星最早的记载，见于《汉书·天文志》汉武帝元光年间（公元前 134 年）六月“客星见于房”，比西方的记录准确简明。据统计，从汉武帝时期到清康熙时期共记录 93 颗新星，其中超新星 10 颗，这同样是世界之最的记录，西方没有任何关于新星和超新星的记录。中国在这方面的丰富记录，是古代恒星观测史上的一项伟大成就，对现代天文学的探索具有重要贡献。

（二）天文仪器

为了精确地观测天体，中国古代创造许多先进的天文仪器，其中最著名的仪器有圭表、浑仪、浑象和水运仪象台等。

圭表是最早的测量日影的天文仪器，是依据太阳光照射一根直立竿子的投影方向和长度变化来观测天象。古人根据“表影”的长短和方向的变化，在推算太阳的位置的基础上进一步确定时间、节气和地域。《周礼·春官》中有“土圭……以致四时日月”的记载。这比希腊用圭表测日影要早 100 多年。随着人们对圭表的不断改进，其精度也不断提高。元代郭守敬改进的“圭表”，经过我国天文学家实测，比 16 世纪西方最精密的天文观测仪器还要精确。

中国古代观测天体的浑仪主要由三个部件组成，分别是固定不动的赤道环、能绕极轴自由转动的赤径环（又称“四游环”）和赤径环上能绕环中心旋转的窥管。浑仪，专门用来观测天体在天球面上的坐标。浑仪的发展先是由简而繁，后又逐渐向简单变化。元代郭守敬大胆改革，重新设计出“简仪”；将原来的浑仪分成观测和测量两个独立部分，这两件仪器已成为现代赤道天文仪的鼻祖。在天象观测中，我国古人运用浑仪测出一些重要的恒星座，如二十八宿和日月运动的坐标，并且得到很精确的数值。

浑象是演示天体运行的仪器，是古代天文教学与研究的重要仪器。东汉初年，张衡首创水运浑象（又称“浑天仪”），使它能自动运转，演示出与实际相同的天象。这是世界上最早的天球仪，也是现代天文台的跟踪机械——转仪钟的鼻祖。此外，公元 1088 年，北宋苏颂等人发明的由浑仪、浑象和计时器结合在一起的巨型天文仪器——水运仪象台，也是居于世界领先地位的观测仪器。

（三）阴阳历法

历法是指年、月、日等计时单位以一定的法则组合计算较长时间的系统。它与天象的观测、太阳的出没、月亮的盈亏规律有着密切的关系。全世界的历法主要分为阴历、阳历和阴阳历三大类。中国古代历法总体上属于阴阳历。

我国从商代开始实行阴阳历前后出现过 100 多种历法。夏代历书——《夏小正》是我国古老的历法，主要记载人们根据对天象和物候的观察决定农时季节的内容。汉武帝太初年间，史学家司马迁与星官射姓、历官邓平等人制定的《太初历》，是我国古代第一部完整的历法。《太初历》以正月为岁首，不仅规定 135 个月的日食周期，还把农时的二十四节气第一次列入历法，并改变过去将闰月放在岁末的习惯，依气候冷暖插入闰月。《授时历》是我国古代各种历法中最优秀的历法。《授时历》是天文学家郭守敬和王恂于 1280 年编制的，是我国使用最久的历法。这部历法在天文数据、计算方法等方面日臻完善，堪称古历的巅峰之作。

“二十四节气”是中国古代历法发展的独特创作，并且对中国农业经济发展具有重要意义。为了满足农业生产的需要，我国古人创造出依照太阳运行规律的二十四节气，这对闰月影响四季寒暑燥湿不相适应的现象起到调节的作用。后来，二十四节气不仅在我国普及还被邻国所采纳，并一直流行至今。

中国古代还创造一种以干支计时的独特方法。干支计时，是以十个天干字（甲、乙、丙、丁、戊、己、庚、辛、壬、癸）与十二个地支字（子、丑、寅、卯、辰、巳、午、未、申、酉、戌、亥）相配合，计算年、月、日的方法。我国早在舜时就创立了“干支”。殷墟出土的甲骨文中，已采用干支记日，并在殷墟遗址中发掘出用骨和玉刻的“甲子表”。

（四）宇宙理论

中国古代影响最大的宇宙结构理论当推起源于先秦的谈天“三说”分别是盖天说、浑天说、宣夜说。盖天说历史悠久，说法多种，其共同点是认为天像一个圆圆的盖，如“天像盖笠，地法覆盘”。最早的一种说法是“天圆地方”说。浑天说以东汉张衡为代表，认为宇宙如同一个鸡蛋，天体像蛋壳，地体像蛋黄。与盖天说相比，浑天说更进一步，成为古代天文学界最主要的理论。与前两种说法不同，宣夜说更具有一定的科学性，宣夜说道出宇宙的无限性，认为日、月、星辰存在于虚空之中而无所根系。现代著名科学家对宣夜说予以高度评价——这种宇宙观的开明进步，同希腊的任何说法相比，都毫不逊色。中国这种天体在无限空间漂浮的宇宙观，要比亚里士多德和托勒密水晶球概念先进得多。水晶球学说认为，宇宙是一个有限的球体，地球是宇宙的中心，日月星辰是围着地球在运行。这种说法曾束缚欧洲天文学思想一千多年，跟今天科学的宇宙观是相背离的。

五、数学

中国是世界上数学历史最悠久的国家之一。中国传统数学的发展与中国社会生产和生活的发展密切相关。中国传统数学在春秋战国时期初步形成，并在传统儒家思想的影响下，注重实践，从丰富的生产实践和实际生活发现问题，解决问题，不仅在代数学领域始终处于世界领先地位，而且创造以勾股为中心的中国特色的几何学。中国传统数学形成独具特色的数学体系，出现许多数学研究著作，为我国数学研究留下了宝贵的遗产。

（一）算术学

中国古代先民在漫长的生产和生活过程中积累和形成数目和数目多少的概念，有了计数的方法。如“一只石球”“两把石刀”都是我国古时与具体事物相关的计数方法。我国古代最原始的计数方法是结绳和刻符。据《易系辞传》记载：“上古结绳而治，后世圣人易之以书契”“事大，大结其绳；事小，小结其绳”。在“山顶洞人”遗址上还出土了四根带有刻符的骨管。在结绳和刻符的基础上，我国古人进而发明了数字符号。史载黄帝历法，数有十等，商代甲骨文的数字记载表明当时已采用十进位制记数法。十进位制记数法是我国一大发明，也是古代世界最先进、最科学的记数法。

随着生产劳动和科学技术水平的进一步提高，大量比较复杂的数字计算问题出现，筹算和珠算方法应运而生。筹算的方法，是通过将算筹从左向右的横、纵式摆列，并按十进位制进行加、减、乘、除和开方、平方等运算的方法。古代的“借箸而筹”“运筹帷幄”等成语，现代的“筹划”“筹策”等词，都是由此引申而来的。筹算可以说是数学机械化的最早形式，至今仍产生着深远的影响。东汉末期，中国最先在筹算的基础上发明了珠算及其计算工具珠算盘。我国珠算和珠算盘于明朝初年传入日本，之后又传入朝鲜、越南、泰国等地，对这些国家数学计算方法的革新起了重要作用。国外一些学者认为，从珠算的功用来看，它可以同中国的火药、造纸术、印刷术和指南针这四大发明相提并论，说成五大发明也未尝不可。

汉代的《九章算术》对分数运算做了最早而系统的叙述，其中提到最小公倍数、约分、通分，比其他国家早得多，还明确提出负数的概念及其加减法则；之后，元代朱世杰在《算学启蒙》中提出正负数的乘法法则。《九章算术》中的“今有术”，即从三个已知数求出第四个数的比例算法，乃是当时独创的比例算法。

另外，在隋朝天文学家刘焯创立“等间距二次内插法”推算日、月、五星运行度数；唐代天文学家僧一行发展了刘焯的成就，创立的“不等间距二次内插法”也都处于当时的领先地位。

（二）代数学

中国古代是用文字来表示代数学的一般化的量和运算的。它是用数学图式体系进行思考，再从筹算发展出一种完备的十进位制法，因而不需要使用很多的基本符号。我国古代往往运用代数学来攻克几何问题，这是我国数学发展的一个显著特色。

代数学是数学的一个重要分支，由我国的数学家最先创立，并且其成就可以说远远领先于世界上其他的国家，在世界数学界独占魁首。英国科学史家李约瑟认为，代数学实际上仍然是出自印度和中国。有更多的证据证明它在更早的时候，从中国传入印度和欧洲。

中国古代早已知道方程的计算，我国古代所说的“方程”，就是现今的方程组，后来演变成了一切等式的通称。“开方术”就是求方程的根的方法，在《九章算术》“少广章”中给出了开平方和开立方的具体方法。北宋贾宪利用“贾宪三角”把沿用了多年的开平方、开立方的方法推广到任意高次方，并创造了增乘开方法，领先于世界。解高次数字方程求根的近似值的方法是我国的首创，并在世界上被誉为最具有代表性的中国数学贡献。

（三）几何学

虽然中国数学的贡献主要是代数方面，代数学是我国数学发展的主流。然而事实上，中国还有理论几何学，而且其年代可以追溯到上古时期。墨翟的《墨经》是世界上最古老的几何学。书中提到的点、线、面、圆、立方体、平行等概念和思想，足以证明我国理论几何学早在公元前 400 多年前后便有了萌芽，并且在证题方法和推理形式上具有与西方不同的独立特征。《周髀算经》开宗明义在第一章就提出直角三角形的“勾股定理”和“勾股测量”问题。除此之外，《九章算术》中提到很多几何问题的解决，并不同于欧几里得《原本》中将代数问题几何化的方法，这本书中解决几何问题是将其算术化和代数化。这种几何代数化的做法经过刘徽和更晚的宋、元数学家的发扬，成为我国古代数学的重要特征。

三国时，魏国著名数学家刘徽创立了“割圆术”，在圆内接正多边形面积，来无限逼近“圆面积”，求得圆周率的近似值，圆周率 =3927/1250。刘徽这种计算圆周率的方法，代表当时世界上最精确的圆周率算法。“割圆术”为圆周率的研究奠定理论基础，它既是我国古代几何学的特色之一，也是我国古代几何学理论的结晶，可以说是我国古代数学里较普遍的基本原理。继刘徽之后，南宋最卓越的数学家、天文学家和工程师祖冲之进一步推算出更加精密的圆周率，即 $3.1415926<\pi<3.1415927$。

此外，刘徽编撰的《海岛算经》是我国第一部测量数学，其“重差术”的测量方法达到很高水平，只需要用到直角三角形（勾股形），而完全不像西方要利用相似三角形。到元代初期，数学家李冶、朱世杰等人运用天元术和四元术解决有关勾股形的复杂应用问题，最终建立一套比较完整的代数公式来求解各种勾股形的问题。我国按这种方法来处理负量，并达到十分熟练的程度，甚为外国数学家称赞。

（四）数学著作

中国古代数学取得的成就十分辉煌，形成独具特色的数学体系。这些数学成就，被记载在许多数学著作中。其中最具代表性的是《周髀算经》《九章算术》《算经十书》。

《周髀算经》约成书于西汉初期（公元前 1 世纪），是我国现存最早的数学著作。该书总结了春秋战国时期的分数运算、等差数列计算、勾股术和重差术等方面的数学成就。其中最为突出的就是关于勾股术的论述，这个论述要比古希腊学者提出的勾股定理足足提前了 500 多年。

《九章算术》约成书于东汉初期，它比较系统地总结和概括了早期先民积累的数学知识，标志着我国古代以算筹为计算工具，具有中国特色的数学体系的形成，是中国古代数学最重要的著作。该书采用问题集的形式，全书共 246 个实际生产、生活中的数学问题，分成九章，依次为方田、粟末、衰分、少广、商功、均输、盈不足、方程、勾股。本书从解决实际问题出发，注重理论联系实际，这种思想对后世数学研究产生重大的影响。《九章算术》中一些内容，如“盈不足”，还经印度、阿拉伯传入欧洲，对欧洲代数的复兴起到了推动作用。

《算经十书》是唐代国子监算学馆中规定的十部算学教科书，包括《周髀算经》《九章算术》《海岛算经》《孙子算经》《张丘建算经》《五经算术》《五曹算经》《辑古算术》《夏侯阳算经》《缀术》。这十部著作保存了自先秦到汉唐的数学典籍，是研究古代数学发展的珍贵遗产。

宋元时期出现了“宋元数学四大家”，他们的数学成就推动我国数学特别是代数学的发展。南宋秦九韶著的《数书九章》与《九章算术》并称“双九章”。全书理论造诣高深，特别是“大衍求一术”和“正负开方术”的完善，其中“大衍求一术”的发明者被西方著名数学家康托称赞为“最幸运的天才”。金元李冶著的《测圆海镜》和《益古演段》，在前人的基础上完善了“天元术”，提出“天元式”（即方程式），书中演示如何列方程，解方程，开创中国式的代数学。南宋杨辉的《详解九章算法》《日用算法》《杨辉算法》，着眼于改进计算技术、提高乘除的运算速度，进一步得出不同跺的“跺积术”（高阶等差级数求和）公式，并开创“纵横图”（幻方）的研究。元初朱世杰著的《算学启蒙》和《四元玉鉴》，提出多元高次方程组的数值解法，高阶等差级数的求和、高次内插法等，居于当时世界最高水平。

中国数学之所以能有辉煌成就就在于它源于实践，用于实践，注重行数结合，代数和几何的思想和方法相互渗透，相互促进，注重数学与其他学科之间的相互促进和共同发展，而最根本的原因在于中国本身的社会生产和社会生活实践的推动，在于中国社会经济的相对发达。

六、传统科技的基本特征与现代启迪

（一）传统科技实践的基本特征

中国古代科技在漫长的历史岁月里，因经济政治文化的影响在具体内容上表现出差异性，但是反映出基本相同的思维方式，同一的价值取向和基本特征——直观性、实用性与整体性。

（1）直观性

直观性是指习惯于对实践经验的直接记录和自然现象的直观描述，这是中国古代科技的第一个特点。它偏重于依靠经验，直觉体悟，停留在把已有的经验合理外推，而不做深入细致观察与分析的水平。

我国古代数学一直是受重视的领域，然而传统数学存在着重结果轻过程的弊病，以具体的计算为主，忽略了原理。对于西方一贯倡导的以数字化语言为基础的公式、公理的逻辑推导置之不理，更不能致力于相关的证明技术。这些妨碍数学的进一步抽象化，向理论层次的升华，因而我国古代数学未能形成一个以公理、定理为基础的逻辑演绎体系，与西方数学中坚持的清晰定义、严密论证、演绎形成鲜明的对照。直观性在医学领域也有突出的表现，《本草纲目》是一部重要的医学宝典，但是它也只停留在直接的记录，归纳和一般性的经验总结上，而缺乏对病因等的探究分析。在古代农学上，基础理论一直未取得进步，北魏的贾思勰《齐民要术》建立我国古代农学的粗线条框架，到了明代徐光启《农政全书》的总结，基本上确立了中国特有的农业科学体系，但是由于习惯于前人的直观记录和经验积累，并未从科学上进行理论探讨和严密分析，因而滞留于此水平，未能再取得突破性进展。

（2）实用性

作为一个古老的农耕民族，务实是我国鲜明的民族性格特点，所以从一开始就以实用性作为衡量古代科技的标准。科技是否有利于维护国家统治的需要及与其相适应的生产实践的需要，这种行为取向导致忽视科学研究的直接目的——探索自然奥秘，这是造成科学技术发展不平衡的重要原因，凡是与生产生活和国家事务关系密切的学科与技术发展迅速，反之则缓慢。天文学被历代帝王当作皇室稳固的重要依据，历法的准确关系着统治的安危，所以受到了统治者的重视。古代天文观测，历法修订是为了服务于宣扬“受命于天”的政治目的，这是其一；其次，历法与农业密切相关，而农业是立国之本，维持国家财富的基础，所以在相当古老的时期以天象测凶吉，定农时，直接围绕着统治和生产的中心，这一特点在地学、医学领域也得到了体现。

（3）整体性

中国古代学者注重综合，他们观察与思维的方法的着眼点是事物的整体，从大系统开始，然后才顾及局部，顾及子系统，然后才会是具体的每个单元和细节，他们通过在此事物与他事物的联系比较中，达到对该事物的认识。这种思维方式是由自然观决定的，中国古人认为人与自然是统一的，而其后逐渐完备的元气论认为，世界的本原是元气，元气充塞宇宙，流动有序，变化无穷，阴阳对立而又统一，宇宙是有目的有生命的整体，因此对实体而言，整体由部分构成，且由部分之间的关系构成，这种关系比实体本身更重要，只有把事物放入整体，从事物间相互的联系之中才能认识其本质。

回顾我国古代科技的发展历程，我们为古人精巧绝伦的发明创造和聪明智慧而叹服，也深深认识到其局限性，在继承的过程中弃其弊，取其利，中国的科技发展定会再度辉煌。

（二）传统科技、劳动实践对当今学校劳动技术教育的启迪

传统的科技、劳动实践是我国古代流传下来的一笔宝贵的财富，一直到今天，对于我国的教育，特别是基础教育，依然具有现实的指导意义。

第一，科技和劳动实践能够磨炼人的意志，具有“治心”的功能。在实践过程中，使人因为“心存”而达到修养身心的目的；可以锻炼人的思想，通过实践能够使人摒弃思想中的各种杂念和邪念，并且通过刻苦地学习和钻研，去除思想中的懒惰和拖拉；可以培养人的良好品德，经过刻苦努力学到的知识在实践中得到检验，从而督促养成好的行为习惯，同时会使人养成良好的思想品德。

第二，如今，在社会经济发展迅速的同时，人们更加注重物质利益和物质享受。从而引发了一些社会问题。如有些人为了追求利益不择手段，不讲诚信，甚至以损害别人利益为荣。随着社会新发展，法律、法规跟不上步伐，没有办法单纯依靠法律管理。因此，就需要一些方法，来从小培养孩子的品德。这些方法包括让学生多参加一些有意义的社会实践活动，通过实践了解到工人、农民的生产状况，了解到他人的生活和需求等。一方面，可以磨炼学生的意志；为一方面又可以帮助其养成劳动观念，培养良好的道德品格。

第三，科技、劳动实践活动可以帮助人们强身健体。这是已经被实践证明了

的观点，经常参加科技和劳动实践，可以提高人的各方面身体功能，增进其健康。特别是处于身体成长发育期的学生，让学生不再只局限于课堂中的学习，从课堂走出来，多多参加科技和劳动实践活动，不仅能够起到增强学生体质的作用，而且还可以帮助学生在实践中检验课本上学到的知识，进一步拓宽学生的视野，增长知识。

第四，科技和劳动实践的另一个好处就是，通过实践可以创造成果，这些成果可以转换为经济价值。为了促进科技和劳动实践的展开，提高学生掌握技能的能力，最终实现一些地区经济的发展，我国教育部在文件中专门做了规定。如《基础教育课程改革纲要（试行）》明确规定："农村中学课程要为当地社会经济发展服务，在达到国家课程基本要求的同时，可根据现代农业发展和农村产业结构调整因地制宜地设置符合当地需要的课程，深化农科教相结合和三教统筹等项改革，试行通过绿色证书教育及其他技术培训，以获得双证的做法。城市普通中学也要逐步开设职业技术课程。"

第五，科技、劳动实践对培养学生的综合能力有极大帮助。学生在校园学习的最终目的还是走出学校，走向社会，为社会贡献力量。因此，从学生时代就培养他们的实践能力非常重要。特别是开展一些综合实践活动，包括研究性学习、社区服务和劳动社会教育等，有助于增长学生的社会才干，培养他们的社会责任感，使学生的综合能力和素养得到加强。如有些学校会开展一些探望孤寡老人、维护城市环境、走进科技馆等。学生通过实践，能够体验劳动的艰辛，树立帮助他人的意识，以及培养科技动手能力，最终使他们的身心得到健康、全面的发展。

总之，我国古代传统科技、劳动实践和理论在当时虽然不受儒家主流教育理论的重视和提倡，却是独具一格、独放异彩的，有许多弥足珍贵之处，值得我们进一步研究和弘扬。

第三节　中华优秀传统文化的文学艺术成就

一、中华优秀传统文化的文学成就

（一）散文

1．先秦散文

产生于公元前 14 世纪，称得上我国最早的历史文学典籍之一的《尚书》，作为中华散文的发端，代表中国最初历史阶段散文表达的水平。它所载之言，所记之事，为后世的历史散文和诸子广为引用。《尚书》情实文质，简明扼要的文风，成为后世师法的榜样。《尚书》开创的典、谟、训、诰、誓、命等六体，成为以后各朝代模仿的主要文体，从六体中还衍生出以后的诏、策、章、奏、论、箴、铭、颂等诸多文体。《尚书》被誉为是“昭昭如日月之代明，离离若参辰之错行”的散文范本。

作为历史著作传世的《春秋左氏传》（简称《左传》），文史结合，是先秦历史散文的代表。它叙事完整翔实，其高超的记事能力将重大战争叙述得有条不紊、繁简适当，故有“左氏为书、叙事之最”之说。《左传》写的人物众多，有正有邪，有智有庄，有纯有谐，但都刻画得形象生动、性格鲜明、栩栩如生、呼之欲出，令人读后久久难忘。语言简练，字句精严，行文富于变化，是《左传》文字上的成就。后人赞赏《左传》“其言简而要，其事详而博。”甚至有人评价说：“若论字句之精严，则左公允推独步。”

21 卷的《国语》，上起周穆王，下迄鲁悼公，分别记载西周末年至春秋时期周、鲁、齐、晋、郑、楚、吴、越八国的史事，既是我国最早的一部国别史，又是一部有特色的历史散文著作。从文学角度看，它形象地反映春秋时代尖锐激烈的阶级矛盾、错综复杂的政治斗争，展现那一时代的社会变化和形形色色政治人物的面貌。《国语》写人物，形象鲜明、生动感人；记言则多比喻贴切而又寓意深刻的言辞；文章大都质朴简洁，所用语言自然而少润饰，是古代散文中的优秀之作。

反映纵横家思想、记载战国时代谋臣策士活动的《战国策》，如一幅幅恢宏壮丽的时代画卷，形象地反映战国时代尖锐激烈的斗争形势，波澜壮阔的现实生活，错综复杂的社会矛盾和战乱动荡中的民间疾苦。在反映时代生活广泛深刻，在叙事描写生动细密，在人物形象刻画独特、语言圆熟、文体多样等方面，堪称先秦文学中的出类拔萃之作。它打破“编年”的限制，以人物的游说活动为记叙的中心，统率记言、叙事，人物形象风姿各异，语言敷张扬厉、明畅通达，形成辩丽横肆的艺术风格，具有震撼人心的艺术魅力。

作为辑录、记载孔孟言行的《论语》《孟子》，不但是儒家经典，而且在文学上对后世的影响也极为巨大。一是他们都提出一定的文学主张，孔子有“行有余力，则以学文”，孟子有“知言养气”说；二是虽为语录体典籍，但从记言辑行中使孔子、孟子及其弟子的形象留传后世；三是《论语》行文质朴简练、自然无华，但却颇具哲理，《孟子》则气势充溢，跌宕起伏，说理严密明确，行文流畅感人，并且以严密的论辩逻辑、磅礴的文章气势、寓言故事和形象生动的比喻，令人不得不折服。以后唐代柳宗元主张古文运动要“参之孟、荀，以畅其文”，韩愈文章被人评为“出于孟子”，苏东坡自谓文章多师法孟子，都足见其影响。

除《论语》《孟子》外，先秦诸子的散文都既是富于论辩性、逻辑严密、善用寓言的政论文，也是各具特色的文苑奇葩异蕾。《荀子》为文雄浑，其学问渊博精深，行文气魄宏大，有包容诸家的气概；《老子》文笔简净、声韵流美，议事旨义深邃玄奥，文风清远而追随者众；《庄子》行文恣肆，在文学上对后世的影响不同寻常，鲁迅赞誉《庄子》其文则汪洋辟阖，仪态万方；《韩非子》为文“峻削”，分析鞭辟入里、严峻峭拔，读后令人有刻骨铭心之感。《墨子》为文质朴，鲁迅先生称“墨家尚质”“故其文辞无华饰，取足达意而已。”

2. 汉文、汉赋

（1）汉文

汉代散文创作繁盛，特别是政论文勃兴，文人士大夫悉心探讨与国计民生紧密联系、与社会生活息息相关的现实问题，使得文学与生活的关系充分体现出来，对后世产生深远影响。

被誉为政论文中史论体的开山之作的贾谊的《过秦论》。它以总结秦王朝覆亡的历史经验为主旨，为文大义凛然，气贯长虹，语言壮美，文采斐然；且带有先秦散文铺陈辞藻、夸张扬厉的特色。

另一大政论家晁错的《论贵粟疏》《言兵事疏》等，行文严谨朴实，具有典型的汉文本色。在表现手法上，《论贵粟疏》自始至终运用对比，加强其说服力；结构严整紧凑，用词洗练准确，句式缜密周全，堪称内容与形式完美结合的佳作。

西汉中期桓宽的《盐铁论》全文60篇，均用对话体，将御史大夫和贤良文学代表的论战，包括对盐铁问题的争论，以及对汉代以来的政治、经济、军事、思想文化的方针政策的得失利弊的总结，用会议纪要的形式，重现会议上两派彼此诘难、相互辩驳之状，文字简洁锋利，论辩层层展开、步步深入、精彩纷呈。全文对论辩者没有一个字的形态描写，但从对话的语气、节奏中，却分明让人感受到双方的神态与感情。这在政论文中确属独具一格的奇葩。

西汉时期贾山的《至言》、司马相如的《谏猎书》、淮南王刘安的《谏伐闽越书》、严安的《言世务书》、主父偃的《论伐匈奴书》、董仲舒的《对贤良策》、东方朔的《谏除上林苑》、路温舒的《尚德缓刑书》等，都是政论文的佳作品篇。汉以后，秦汉散文日渐成为被模仿效法的对象，贾谊、晁错等为代表的作品成为“文必秦汉”的典范。

众所周知，《史记》是我国历史上第一部纪传体通史，其实它不仅是历史巨著，其文学价值和文学成就更是不容忽视的。《史记》采用的是传记的记事方法，以人物描写见长，人物描绘生动形象。故事叙述语言生动，细节描述翔实，对于一些历史大事件，描写出波澜壮阔的场面，堪称一部现实主义文学杰作。《史记》以其生动精湛的语言艺术，将各种大人物小人物的神态、动作、语言特征鲜明地描绘出来，传达不同人物不同的个性，人物性格具有鲜明的特点。同时书中大量引用俚语，用词造句自然，使用双音节复合词、叠句多，使慨叹、唱叹皆写得感动人心。

班固的《汉书》作为我国历史上最早的断代史，以其杰出的文学成就给后世以巨大影响。在文章辞赋上，魏晋六朝之际，骈文兴盛，为文者多尚《汉书》，倾向排偶骈俪、严整工练见长的文风；对后世史传文学的影响以及对后世小说、戏曲的影响巨大。其所刻画的人物更成为后世历代小说、戏曲取之不尽的借鉴渊薮。

（2）汉赋

汉武帝时期，赋体文学兴旺发达，登峰造极而成为汉代的正统文学。汉赋以“铺采摛文，体物写志”为主要特点，大量描绘贵族宴饮、打猎、日常生活的盛况，从不同的客观角度反映出当时的社会生活，以及强盛的国力。行文铺采瑰奇，想象极为丰富，语言描写细密，篇幅结构宏丽，表现出汉代封建社会上升时期的繁荣发达景象。汉赋整个地显示出汉民族在大一统气概鼓舞下的民族精神风貌。到东汉班固时，汉赋已有900多篇，名家60余人，贾谊、枚乘、司马相如、扬雄、班固、张衡等，皆为大手笔。

西汉初期，汉赋的主要作家与作品有：贾谊的《吊屈原赋》和《鹏鸟赋》，枚乘的《七发》。他们为汉赋的成形和发展奠定基础。汉赋因司马相如的大赋问世而进入鼎盛时期。司马相如的《子虚赋》《上林赋》以其结构宏大、逞辞驰才之极而历来被视为汉赋的代表作。其《大人赋》《长门赋》《美人赋》《哀二世赋》等，写神仙、抒宫怨、状美女、吊古人，题材广泛，才情横溢，为后世效法。

扬雄为西汉末的汉赋大家，其《甘泉赋》《羽猎赋》《长杨赋》《河东赋》仿《子虚赋》《上林赋》，而更具讽喻之义。

东汉有班固的《两都赋》，傅毅的《舞赋》，张衡的《二京赋》《归田赋》，赵壹的《刺世疾邪赋》、蔡邕的《述行赋》和祢衡的《鹦鹉赋》。班固的《两都赋》，对长安、洛阳的地理环境、城市格局、风土人情等，都有详细描写，为京都六赋之首。张衡的《归田赋》描绘田园和谐欢快的景色，反映作者畅游山林，归隐田园的乐趣。全篇文字清丽优美，深深影响后世的辞赋创作。在汉赋中绝无仅有、最具火药味的《刺世疾邪赋》中，赵壹以激切的言辞，猛烈抨击汉末吏治的腐败，人情道德的势利败坏，富有顽强的战斗精神。在汉赋中比较难得的还有蔡邕的《述行赋》。其于叙事记游、伤时感乱中，表现出对民间疾苦的同情与关怀。

西汉的司马相如、扬雄和东汉的班固、张衡被称为“汉赋四大家”。汉赋也被作为文学创作史上的代表，与唐诗、宋词和元曲并列，被称为“中国文学史上的丰碑”。

（3）汉赋之后的赋

魏晋时期的赋称得上有成就者，当推曹植、玉粲、陆机和潘岳等人。曹植的

《洛神赋》对洛神动态美的生动刻画和作者可望而不可即的追求的描述，使作品闪烁一种奇异的光彩，成为最负盛名之作。王粲的《登楼赋》登临抒怀，情感真挚，格调悲凉，可为建安赋的代表之作。西晋陆机的《文赋》首次用赋的形式阐述自己的文学见解，对以后刘勰创作《文心雕龙》的影响和在文学批评史上的地位，均不可小视，潘岳的《闲居赋》《秋兴赋》《悼亡赋》等赋，以清绮洁净的文字写景抒怀，以情韵取胜，具有诗的韵味。左思的鸿篇巨制《三都赋》和郭璞的《江赋》也为有名之作。三都之中的《蜀都赋》一出，人们竞相传抄，洛阳为之纸贵。《江赋》状写长江之浩渺宏阔，沿途地产物貌，极显赋体铺张扬厉的本色。

南北朝时期赋被称为“骈赋”或“俳赋”。鲍照的《芜城赋》以华丽形象的语言摹绘广陵城昔盛今衰的景象，对比鲜明强烈，情感深挚悲怆，在赋中别具一格，成为赋中屈指可数的杰作。谢惠连的《雪赋》、谢庄的《月赋》将山水诗创作的清新风格带入赋中，使作品意境清高绝俗，从而驰名赋坛。此外，江淹的《恨赋》《别赋》，庾信的《哀江南》，都是赋中不朽的名篇。

唐代以律赋著称者有李程、王起、白居易、元稹等人。李白的《大鹏赋》、杜甫的《明堂赋》也不失为佳作。杜牧的《阿房宫赋》更是描写工丽，议论精警，内容与形式都十分完美，成为脍炙人口的佳品。

宋代文赋以欧阳修的《秋声赋》和苏轼的前后《赤壁赋》成就最高。他们既具有赋工体物的传统，又熔描写、议论、抒情于一炉，形式自由，文辞畅达，集赋体作品艺术手法之大成。

明末有夏完淳的《大哀赋》、清代有张惠言的《黄山赋》，也为人称道赞赏。

3. 魏晋、唐宋之文

（1）陶渊明文

晋陶渊明以其文《桃花源记》《五柳先生传》和《归去来兮辞》，享千百年传诵不绝的声名。《桃花源记》构思奇特，写作技巧高超，富于小说意味，虚中有实、引人入胜，给厌憎社会生活动荡混乱而又找不到出路者以希望，因而易于产生共鸣，故向来为人们所喜爱。《五柳先生传》仅用寥寥百余字，就将一个清贫而有操守、不拘礼法而自得其乐的知识分子的典型形象刻画得呼之欲出。《归去来兮辞》将作者心情与自然景物都写得异常真切生动，写法、语言都朴素、自然、真率，但声韵和谐，句式在整齐之中又有变化，读来声情并茂、有摇曳生姿之感。

(2)“唐宋八大家”之文

“文起八代之衰”的韩愈，在唐代古文运动中，无论是理论还是创作，其为文都能匠心独运、富于创新。在他的《进学解》《原毁》等中，“惟陈言之务去”“能自树立不因循”，创造适时通用的文学语言。变六朝以来日渐衰败的骈俪文为生动活泼、逗人喜爱的富有艺术魅力的日常杂文。此外，韩愈为文针对现实，有为、有感而发，发愤抒情，故言之有物，如《送孟东野序》等文，俱为佳作。

被称为“刻画山水的圣手”“游记散文的宗师”的柳宗元，其为文成就最高的硕果，是他的山水游记，几乎篇篇俱佳。特别是他的《永州八记》，包括《始得西山宴游记》《袁家渴记》《石渠记》《石涧记》《小石城山记》，像一幅幅画面，似一幕幕场景，展现出永州的山水胜景，自具清幽深邃，新鲜奇特，别有洞天。在有限的艺术外壳中，柳氏游记蕴含无限丰富的内容。

宋代欧阳修以平易畅达的风格为文。其文《五代史伶官传》《醉翁亭记》《丰乐亭记》《泷冈阡表》《祭石曼卿文》等，文风平易晓畅、严谨明快、清丽婉转、自然而流畅，一改北宋初期华而不实的文风，其对文坛的影响一直持续到明清。苏洵之为文，习《孟子》《荀子》、贾谊、司马迁诸家，尤其以《战国策》为楷模，特别擅长策论和经论。其文章更强调“文”本身的要求，注重间架气势和修辞手段，善用比喻。其《权书》十篇、《衡论》十篇、《几策》两篇和《上欧阳内翰第一书》《送石昌言使北引》《木假山记》等皆为名作。

苏轼之文雄健奔放、挥洒自如，自称“如万斛泉源”喷薄而出，“如行云流水”“文理自然，姿态横生”。苏轼兼擅文学众体，政论、史论、记、书序、书简、题跋、杂记、随笔、小品文都成就卓著。其《策论》《策别》《策断》等政论文，《留侯论》《韩非论》《贾谊论》等史论文，文从字顺，论辩滔滔，别有新意；《超然亭记》《放鹤亭记》《凌虚台记》等和书序、随笔等，具有更高的文学价值。为书简、为题跋、为杂记，写似信等拈来、不经意而成，但皆为散文艺术之精品。

苏辙为文平和，明白晓畅、词语但求色泽尖新。其文学硕果有《三国论》《商论》《上枢密韩太尉书》《武昌九曲亭记》《黄州快哉亭记》等。

曹巩为文，平平说去，最淡而古；说理平实浅切，娓娓而谈，既无惊世骇俗之语，亦无空泛无根之言，讲究词浅理畅；在布局谋篇上有剑气蓄势、藏锋不露之特点。其《本朝政要策》《送江任序》《范贯之奏议集序》《宜黄县学记》《墨池记》等，皆为佳作。

王安石为文劲健，在散文创作上虽风格不同于其他七家，但在反映和批判现实、善于叙事、议论、抒情和驾驭各类文体和语言艺术等方面却有相似之处。王安石的文学思想与创作成就，使之列于“唐宋八大家”之中。

4. 明清散文成就

明代归有光为文，虽内容并无惊人事件、曲折过程，但其善于捕捉生活中的细节，以小见大，于细微毫末处寄情寓意，在平淡无奇之文中，蕴含撼动人心的真情挚意。其代表作当推《项脊轩志》和《先妣事略》。其文学思想与创作追慕唐宋古文，故被称为“唐宋派”。

晚明小品文的主要代表作家当推公安派“三袁”中的袁宏道。其小品文以游记为突出，文字清新活泼，文笔秀逸，有继郦道元、柳宗元之后的“第三大家”之称。有《初至西湖记》《晚游六桥待月记》《满井游记》，以及其书信、随笔和《徐文长传》等佳作。其他还有以诙谐见长的散文家王思任，写小景小情而于诙谐中寓讽世之意。小品文题材广泛、无所不写的张岱，无论传记、游记、序跋、碑铭等，均能写得情趣盎然，幽默诙谐。其成果最突出的是《西湖七月半》，将湖光山色、人情物态，都写得惟妙惟肖，活灵活现。《湖心亭看雪》《西湖香市》历来为人称道。其人物小品文《柳敬亭说书》更将人物写得入木三分、令人叫绝。

清初散文三大家中，以魏禧文学成就为最高。他重视文学理论，认为文学既不能完全拟古，也不能完全师心自用、摒弃古人，而应善于接受遗产，又要注意自己的独创性，重视文章的现实作用。其名篇是写异人的《大铁椎传》。其他两家是汪琬、侯方域，在散文上也各有成就。

清代散文流派中的桐城派代表人物方苞，首标“义法”作为文章纲领，要求文章取舍详略精当、结构布局合理、语言文字雅洁。其文《孙征君传》《田间先生墓表》《陈驭虚墓志铭》《狱中杂记》《逆旅小子》《登泰山记》等，皆为享誉颇盛的名篇佳作。

此后，有严复、林纾介绍西方思想和文学的译著；有龚自珍、魏源以今文学家身份的崛起；有梁启超文章“惊心动魄，一字千金，人人笔下所无，却为人人意中所有，虽铁石人亦应感动……”的影响，皆随着政治和学术思想发生的变化而各有成就。

（二）诗歌

1.《诗经》

《诗经》本来的名称是《诗》或《诗三百篇》，由于汉代儒家尊它为经典，所以后世就将它称作《诗经》。它成书于春秋时期，是我国最早的一部诗歌总集。收录了从西周初期到春秋中期约五百多年间的诗歌，共计 311 篇。其中的作品大部分是民间歌谣，小部分是贵族的创作，它们从不同的角度反映那个时期真实的历史，和社会生活的细节，因此，具有一定的史料价值。

《诗经》的内容，根据作品的性质和乐调的不同，分为“风”“雅”“颂”三类。“风”指的是“国风”，也就是西周春秋时期各国的土乐，包括周南、召南、邶风、卫风、鄘风、王风、郑风、齐风、魏风、唐风、秦风、陈风、桧风、曹风、豳风，即十五国风，共一百六十篇；其中大多数是民间歌谣。“雅”是周王畿的乐歌，周王畿周人称为“夏”，古代“雅”“夏”通用，所以将“夏”称为“雅”。“雅”分为“大雅”“小雅”，就像后世人讲大曲小曲一样。大、小雅共一百零五篇，大雅三十一，小雅七十四。“大雅”主要记录朝廷官吏和贵族们的作品，而“小雅”记录的是一部分上层贵族作品，也有一部分民间歌谣。“颂”有歌颂的意思，许多都是朝廷祭祀时赞美祖先、歌功颂德的乐歌，音乐较为舒缓，共有四十篇。“国风”是《诗经》的精华。这些多数出自当时人民的口头创作，真实描绘当时的社会风貌；反映下层人民反对剥削和压迫的斗争精神；反映人们追求幸福、自由的理想生活的愿望和要求。《七月》《伐檀》《硕鼠》等篇，表现出对统治阶级剥削压迫的极大愤慨与抗议，形象刻画出统治阶级的寄生、残忍与丑恶；《鸨羽》《兔爰》等，反映在沉重徭役下人民的痛苦与不满。“国风”有相当部分描写反映爱情与婚姻内容的诗歌，它们真实生动地表现出青年男女恋爱中欢乐、苦闷、波折、痛苦、矛盾等种种情感，真情挚意溢于诗行；反映婚姻的既有直接写婚事仪式、歌唱婚姻幸福的，也有表现妇女在婚姻家庭关系上遭受不幸命运的。

“国风”中的讽刺性民歌与“雅”（主要是“小雅”）中的讽喻诗，构成《诗经》

中政治讽刺诗的主要内容。它们辛辣有力地揭露统治阶级的丑恶，表现人民机智勇敢、疾恶如仇的精神。《新台》《墙有茨》《株林》都是这方面的代表作。

《诗经》中的大雅与颂诗，内容上大部分是祭祀祖先与歌功颂德之作。从了解当时社会的政治、经济、文化和历史发展看，仍然是有价值的。如《大雅》中关于周族发展的几篇史诗式的作品；反映上古时代农业发展和历史演进情况的《生民》《公刘》《绵》等和描写大规模农业劳动的《良相》等篇，都使后世的人们窥见周代社会的繁盛景况。

《诗经》以其丰富的思想内容，成为上古时代包括夏商在内的周代社会的真实写照。《诗经》以其极高的文学价值和史料价值，成为中华优秀传统文化中最早的文学硕果。

2. 唐诗

中国古典诗歌发展到唐代，进入一个繁荣发展、硕果累累的高峰期。

从量上看，仅《全唐诗》就录存诗作近 50 000 首，既是空前的，也是绝后的；就质而言，先后包括李白、杜甫、白居易等大家、名家在内的诗人、作者 2 000 多人，队伍数量之众、诗人素质之高、文学功力之深、诗风流行之盛，也是前无古人，后无来者。唐诗的全面成熟，还表现在唐诗风格的多样，流派的纷呈，题材的多彩，内容的丰富，艺术表现的影响深远，体裁的齐备、定型等。说唐诗盛况空前、硕果累累，怎么样评价也不过分。

唐诗的兴盛发达，得益于社会经济政治的变革与发展。唐代作为中国封建社会的鼎盛时期，社会经济和文化普遍高涨。随着唐朝社会政治、经济方面的不断变革，社会生活跟着发生不小的变动。社会生活的变化，为文化的创作提供新的创作素材和创作的新空间。唐诗的主要作者是与门阀世族相对立的庶族寒门。庶族文人由于社会地位低下和生活境遇的困顿，同人民群众有更多的联系，这是唐诗之所以具有高度人民性的一个根本原因。唐代物质生产高度发达和国力的强盛，使诗人学习、创作有了较为安定的环境。这也是激发诗人诗情、勃发诗性的重要原因。

唐诗能够繁荣兴盛，还得益于社会思想解放，人们的精神状态蓬勃向上。唐代诗人身处封建社会历史发展蓬勃向上的高峰期和相对宽松的思想文化环境中，大多数又属于正在兴起中的庶族阶层，因而生活态度积极乐观，普遍具有“喜好王霸大略，务功名”的态度和“天生我材必有用，千金散尽还复来”的信念。这种精神、态度与信念，发而为诗，当然就使诗中普遍洋溢昂扬气势与浪漫气息。唐朝社会稳定繁荣，这和统治者善于调节社会矛盾是分不开的。为了维护来之不易的繁荣，他们采取了一些开明的思想统治政策，如允许、鼓励人们批评时政，对儒、道、释各派思潮兼收并蓄。这使得当时的文人敢于正视现实、揭露时弊以疗救社会，由此形成唐诗发展过程中强有力的写实传统。唐代艺术文化普遍高涨，促进了唐诗的兴盛。唐代寒门士子走读书应试之途，下层民众也有了更多接触文化的机会。当时就有王昌龄、王之涣、高适在旗亭饮酒听歌伎演唱自己的作品的传说；有白居易作的诗于“禁省、观寺、邮候墙壁上无不书，王公、妾妇、牛童、马走之口无不道”的情形。文化的普及和大众化，使得唐朝时期的诗歌有更为广泛的群众基础，为唐代诗歌创作注入活力。唐诗风格质朴明朗、形象鲜明生动、声韵自然流畅、语言大众化口语化，与民众文化素养的提高大有关系。唐代绘画、音乐、舞蹈、散文、小说等各种艺术形式的充分发展，也给唐诗以多方面的积极影响。王维的山水诗“诗中有画”；杜甫、韩愈、白居易、李贺都有写音乐、写舞蹈的名篇诗作；传奇小说在这一时期开始兴盛，还有一些佛经故事，故事文学的兴起影响了唐代后期文学的散文化、故事化倾向；曲子词在民间的发展，影响了晚唐诗人的诗歌创作内容，他们借用曲子词的手法，用细腻笔触描写男女之情。另外，唐朝统治者更是在制度上开创推行以诗取士的先河，促进了唐代文学的繁荣和发展。

唐代在诗歌创作上的巨大成就，离不开唐代诗人对古代文学的继承，更离不开他们对古代文学的批判和创新。从最早的《诗经》的产生到唐代，中国诗歌创作已有一千六百多年的历史。各代诗人各有成就与特色，创作经验更是丰富多彩。《诗经》的写实、《楚辞》的浪漫、汉魏古诗的“风骨”、齐乐新体的“声律”、乐府民歌的清新、六朝文人诗的修辞，俱为唐诗学习、吸取、消化，并形成集这些优点于一体的唐诗风貌，对文学遗产兼收并蓄，择优吸收其养料为自己所用，在批判继承中推陈出新，使唐诗能跨越传统，不断地向前发展。

由于上述原因，唐诗才能经“初、盛、中、晚”四阶段，形成自己不朽的辉煌。

初唐的王勃、杨炯、卢照邻、骆宾王“四杰”及其稍后的陈子昂转变齐梁旧诗风，加之沈全期、宋之问、杜审言等完成律体建设，使盛唐诗歌出现高潮有了基础。

盛唐是唐王朝极盛和开始转向衰败的时期，也是唐诗繁盛的高峰时期。高适、岑参等的边塞诗；王维、孟浩然等人的山水田园诗；李白、杜甫的诗歌创作，共同开创盛唐诗坛百花斗艳、名家纷呈的繁荣局面。

中唐时期，有白居易、元稹、张籍、王建等人以写实为主的诗歌创作；有诗作上重创新的韩愈、孟郊、贾岛、卢仝、李贺等人的努力加上柳宗元、刘禹锡等人的成就，不同特色的诗风交相辉映，使元和诗坛佳作迭出，成为唐诗发展史上的又一个高峰。

晚唐时期，诗坛有杜牧、李商隐、皮日休、聂夷中、杜荀鹤、罗隐等杰出诗人以感愤时事、关注民生疾苦为主的诗歌创作。

唐代诗歌在后世备受推崇，得到广泛传播。这表现在不胜枚举的唐诗选本的出现。

选录唐诗的工作始于唐代。当时就有 50 多种，保存至今的尚有 10 多种。殷璠所选的《河岳英灵集》两卷，最为著名。其特点是遴选诗作极为严格，要求“声律风骨”兼备，又富于想象；且评述各家成就也颇有见地。

宋代有较大影响的唐诗选本当推王安石的《唐百家诗选》20 卷，收 104 家诗人，选诗 1 262 首。宋元时期影响较大的是赵师秀选的《众妙集》一卷，以及周弼选的《三体唐诗》。

金元时期，有元好问选的《唐诗鼓吹》10 卷和杨士弘编的《唐音》15 卷较为重要。

在明代广为流传，影响最大的是明代高棅选的《唐诗品汇》90 卷，选诗 620 家，5 769 首，以后又增补《唐诗补遗》10 卷，补 61 人，诗 954 首。高棅的选本推尊盛唐，明确将唐诗分为初、盛、中、晚四个时期，分体编排，在各体之中又分为九品，分别是正始、正宗、大家、名家、羽翼、接武、正变、余响、旁流。“大略以初唐为正始，盛唐为正宗、大家、名家、羽翼，中唐为接武，晚唐为正变、余响，方外异人等诗为旁流。”[①] 在大家和名家、羽翼之间又有主次之别。这一选

① 高棅．唐诗品汇 [M]．上海：上海古籍出版社，2012，11．

本在今天也是我们了解唐代诗歌创作全貌的大型选本。

明朝影响较大的有沈德潜编选的《唐诗别裁集》20卷，收诗1 900多首，入选者270多人，在突出以李白、杜甫为代表的唐诗雄阔主题的同时，唐各时代、各流派、各种体裁的作品也得到较充分的反映。此外，清孙洙编的《唐诗三百首》6卷，按五、七言古近体编排，选唐诗310首，“专就唐诗中脍炙人口之作，择其尤要者。”由于它着眼于历代传诵的名篇，且十分注意作品的通俗性，因此问世200多年来，流传极广，几乎达到家喻户晓的程度。

（三）宋词与元曲

1. 宋词

词又叫作“曲子词”，是一种配合宴乐乐曲而歌唱的格律诗体，词牌名指的是所配曲子的名称，不同词牌在句数，每句字数，平仄上都有严格的规定。宋词有赖于诗歌和音乐的发展，二者结合，推动诗歌的变革和演进。

词发展到宋代，进入创作的鼎盛期。北宋初年，范仲淹和王安石用慷慨苍凉的词调，开阔悲壮的意境，拉开了豪放词的序幕。晏几道父子则用凄婉、低徊地吟唱，描写伤心人之语。他们相映生辉于当时的词坛，上承南唐遗风，下启宋代词风。

在宋词的发展史上作出特殊贡献的当推北宋仁宗年间第一个专注写作慢词的柳永。柳永生活的时代，随着社会物质文化生活的丰富，民间酒肆茶馆的乐曲逐渐兴盛，慢慢发展出一些长调慢曲，成为当时的主流。柳永最擅长这类词的创作，将个人复杂的感情体验融入词中，扩充词的容量和体制。在题材内容上，柳永将都市风貌、市民生活和失意文人的愁情哀伤等新的社会生活内容带入词中，开拓了新题材、新内容，在手法上，创造性地运用赋体层层铺叙的手法写景抒情，丰富了创作词的艺术经验，创作实践中，柳永还留下“渐霜风凄紧，关河冷落，残照当楼”“今宵酒醒何处？杨柳岸，晓风残月”等不少千古传诵的名句。

欧阳修在宋词发展过程中的重要作用，主要是他对宋词的创作题材进行开拓，以往的词以描写个人情感为主，欧阳修将其扩展到咏史、咏物、都市生活、时令节俗，这在当时是比较少见的；在写景叙事的词中，表达自己豪迈坦荡的胸怀和深沉的感慨，意境雄放开阔，开宋代豪放词风的先河。

在宋词中，苏轼被认为是“豪放派”的开派人。苏轼为词，既以议论入词，又用经籍语，抒怀述志，慷慨放旷，为前人词中未见或少见。他的《江城子·密州出猎》《水调歌头》（“明月几时有”）、《满江红》（“江汉西来”）、《念奴娇·赤壁怀古》等一系列名篇佳作，既有“豪放”雄风，也有清丽、沉郁、飘逸之风。苏词的风格韵调多样，不拘一格；特别是苏轼的词挣脱市井曲子词低吟浅唱的风气，用更豁达的胸怀描写出波澜壮阔的场景，“大江东去，浪淘尽千古风流人物……”就是其中的代表。苏词内容丰富多样，抒情手段更显广阔，表达作者不一样的情感天地。因此，苏轼成为宋词又一具有代表性的人物。

北宋词坛上成就卓著，被誉为“巨擘”的秦观的词，语言清新流丽，明白晓畅，锤炼有致，少用典故和冷僻，有明快不隔、清澈透底的流水般的特点；善于塑造鲜明生动的艺术形象，使形象的感情具体化，表现方式显得丰富多彩，写物状景，着力于情景交融、韵味独到，使意境格外优美；结合整篇作品的意境进行章法和句法的锤炼，故能做到文辞精要，警句、佳句迭出。秦观词的代表作《淮海词》，作为文学艺术财富，具有极高的价值。

被誉为“昆山之片珍”而深受后世推重的周邦彦的词，具有缜密典丽、浑厚和雅的独特风格。周邦彦是北宋末年的著名音乐家，大晟乐府的提举官。在北宋词坛词不协律，天下律吕不划一，各种词调共存的背景下，周邦彦因为精通音律，又掌管着朝廷乐府，他把毕生的精力放到审音创调的工作上，在词创作上也取得了不小的成就。周邦彦的词的成就主要体现在词乐上，后来人将其词乐看作不能逾越的范本，主动步其韵次、循其绳墨。而周邦彦本人也成为格律派推崇的宗主。

以独特的艺术风格，在词和词学理论上兼采众家之长、卓然自成一家的李清照，其词音调清新、格力高秀，外表朴质淡雅，内在蕴蓄深厚，读来其味无穷，在词坛取得了很高的艺术成就。尤其难得的是李清照的词能和生活相激荡，将个人命运与国家民族的命运融合在一起，其爱国思想和艺术魅力给人以极强烈的感染力量。李清照的《词论》也不同寻常。它叙述词的源流演变，总结以前各家创作的优缺点，指出了词体的特点及创作标准；主张分别诗词畛域，对这两种不同形式的文学应作不同对待的“别是一家”之说，即词“别是一家”，必须有别于诗。

此论对后世影响极大，明清之际，李渔论词要求“上不似诗，下不似曲”，可以说就是从此说而来。李清照的《词论》不但是宋代词坛上有独特见解的第一篇词学理论著作，而且是中国女性的第一篇文学批评专论。其词与《词论》都是中华文学发展史上的丰硕之果。

南宋时期的词作，成为在民族斗争中起战斗和鼓舞作用的武器。人们用词这种文学形式来宣传坚决抗战，反对屈膝求和，自然慷慨激昂、豪放悲壮。南宋词坛豪放派的先驱是一批著名的主战派，如赵鼎、李纲、岳飞、胡铨、张元干等人。他们留下许多豪迈奔放的作品。继之而起的大词人辛弃疾，以600多首充满战斗激情与浪漫主义色彩，贯穿主张抗战、反对求和、一心报国、统一国家的爱国思想的作品，尽显豪放派的风采，成为其最杰出的代表。当时的韩元吉、陆游、陈亮、杨炎正、刘过、戴复古、岳珂等人，抗金主张一致，词作思想内容与艺术风格相近，雄风豪气卷词坛，形成以辛弃疾为代表的豪放词派。在南宋前期词坛上，辛派词成为主流，南宋后期亦不乏继承之人。

2．元代散曲

元代是我国散曲发展的黄金时代。现在知道的散曲作家有200多人，留下作品3 800多首，主要代表人物有关汉卿、马致远、王实甫、白朴、姚燧、杜仁杰、卢挚、贯云石、张养浩、睢景臣、张可久、乔吉、刘致、徐再思等。

散曲是一种继唐诗宋词之后新兴形式。在时代、作家经历、表现方法、题材等多因素影响下，风格多样化、流派纷起、各家自有特色。

关汉卿的散曲，题材内容广泛，传情写意，曲尽其妙。清丽委婉之词中隽美圆润、旷达之风里深含着时代的悲哀；语言通俗口语化，且伟词自铸，有鲜明本色，使关汉卿成为文学史上著名的散曲大家。

马致远的曲自有特色，形象鲜明，意境高远、语言精练、声调和谐，加之思想内容方面所表现出来的对丑恶现实的不满，对功名利禄的否定和不同流合污的态度，使马致远成为元代最负盛名的散曲名家。

王实甫的散曲成就很高，以绵密婉丽、旖旎多姿的作曲风格见长。

白朴散曲的风格兼沉雄、清丽之长，语言质朴自然中显出俊秀美丽来。姚燧作散曲，写景、状物、抒情有豪迈开阔之气，语言色彩诗词化；描摹男女爱情时，则缠绵尽致、婉丽清新、语言通俗，是一个有特色的散曲家。

杜仁杰的散曲，描人写事绘声绘影，富于写实，纯用口语，有轻松、幽默、诙谐、滑稽的风格。

元代前期著名的文人散曲作家卢挚，曲多怀古唱和之作，山林诗酒之情。写曲能讲究辞藻工丽，亦能生动本色、明白如话。

贯云石的散曲，描摹湖山风月豪放俊爽，写男女爱情，文情凄楚，民歌特色，令人回肠荡气。

张养浩的散曲，或写仕途官场的险恶黑暗，风格旷达飘逸；或描山水田园的景物、意趣，又有清新婉约之风；写民之疾苦，深刻感人。

睢景臣风格独具，留下的《哨遍·高祖还乡》，以乡民之口，嘲笑汉高祖刘邦还乡时的丑态，结构严谨，形象鲜明，笔调诙谐、语言尖刻，讽刺意味强烈，读后令人难忘。

张可久是元代后期最著名的高产散曲家。其传世作品有800多首。在艺术上注重格律与炼句，讲对仗、采名句入曲；雕琢中显自然，清丽而不入浓艳。其文人散曲的新风格，对后世散曲影响极大。

元末散曲坛上，徐再思享有盛名。其散曲注重雕琢，讲究技巧，文字秀丽，抒情细腻，艺术成就较高。

元曲之所以能同唐诗宋词并提，成为中国文学史上辉煌一代的文学形式，是与上述散曲大家、名家创作的散曲及其成就分不开的。

（四）小说与文学理论

1. 从《山海经》到明清小说

清代的《四库全书总目提要》将产生于先秦的典籍《山海经》列为“小说之最古尔”。这是一部自古就被称为“奇书”的作品。它记五方之山、八方之海，山川道路、金玉矿产、鸟兽昆虫、殊国异域、风俗民情，几乎无所不包。十八卷《山海经》中，有《山经》五卷，以南北东西中五方山川为纲，系之以古史、草木、鸟兽、神话、宗教诸内容；有《海经》十三卷，著寻地理方位，记载远国异人的风俗状貌，夹杂大量神话片段，如“夸父追日”“精卫填海”等，其内容奇特、想象丰富，有故事情节，亦有人物形象。后世的小说，特别是志怪、传奇小说，包括《西游记》《封神演义》《镜花缘》等都与《山海经》多少有着因承关系。其对明清白话小说、对古代诗人的创作、文学家的引用，都有极大的影响。

《晏子春秋》是一部记叙春秋时期齐国政治家晏婴的思想、言行、事迹的书。其写作上善于抓住有典型意义的事件，用简洁生动的语言描叙人物活动，故事性强，引人入胜，具有感人的艺术魅力，是我国最早的一部短篇小说集。

魏晋南北朝时，以记录怪异、光怪陆离、荒诞不经为特点的志怪小说特别兴盛。东方朔的《神异经》《十洲记》，郭宪的《汉武洞冥记》，张华的《博物志》，王嘉的《拾遗记》，荀氏的《灵鬼志》，干宝的《搜神记》，王琰的《冥祥记》，刘义庆的《幽明录》，吴均的《续齐谐记》，颜之推的《还魂记》等，都是有名之作。干宝的《搜神记》成就最高，为这类作品的代表。《搜神记》中，有暴露封建统治阶级残暴荒淫，表现人民反抗精神的作品；有赞美普通人民勤劳、勇敢、善良、聪明的作品；有以爱情为主题的作品；甚至还有不怕鬼怪、破除迷信的故事，都是通过大胆幻想，借助神鬼人的故事，曲折反映人民的困苦、挣扎、反抗和斗争，反映社会的矛盾、冲突与问题。在一定程度上，表现作者的爱憎情感和理想追求。这类志怪小说中不乏优秀篇章，短小精悍，形象生动，一些表现方法为后世小说家所借鉴。

魏晋南北朝时期还有以专门记述人物言行事迹的“志人小说”。南朝宋临川王刘义庆的《世说新语》为代表作。《世说新语》按内容分为《德行》《言语》《政事》《文学》等 36 个门类，每类收若干则，全书共 1 000 多则。每一则的篇幅和字数都是不相等的，有的是三言两语的说明，有的篇幅会比较长。从内容上来说，主要记载一些士人的生活和他们的言谈。时间跨度从东汉末年到西晋。用纪实性的故事，反映当时的社会风貌。其语言简洁、准确，有很强的表现力；常用对照、比喻，富有描绘性、形象性，在《世说新语》中，恰当的比喻和形容、文学的夸张和描绘，几乎随处可见。在语言艺术上，《世说新语》保留下来许多脍炙人口的佳言名句，有文学欣赏价值。后来的许多文学家将《世说新语》当作素材宝库，历史学家也参考其故事研究当时的社会历史。

唐代小说以传奇为盛。这是一种以历史纪传体为主而辅以赋体的某些特征、具有完整故事情节的新式小说样式。它适应唐代日益朝气蓬勃的新兴社会阶层中人们消遣性娱乐的需要而产生并形成兴盛局面。唐传奇中最著名的作品有沈既济的《任氏传》和《枕中记》，李景亮的《李章武传》，元稹的《莺莺传》，白行简的《李娃传》，陈鸿的《长恨歌传》，李公佐的《南柯太守传》，蒋防的《霍小玉传》，李朝威的《柳毅传》等。唐传奇对后代文学的影响巨大。唐传奇中的不少故事，成为后代戏曲的题材，有的甚至成为我国古典戏曲中的名作，如由《莺莺传》演化而来的董解元的《西厢记诸宫调》和王实甫的《西厢记》，由《霍小玉传》演变而成的汤显祖的《紫钗记》《紫箫记》等。此外，唐传奇在小说题材的开拓和艺术手法的成熟上，也广为后世的小说家们借鉴。

宋代有官修的小说集《太平广记》。这是由李昉、宋白、吕文仲等 14 人奉宋太宗敕命主持编纂的。《太平广记》根据小说题材的性质分类编集，全书有大类 92 种，附小类 150 多种，每类卷数多少不一，少的一类仅一卷，而多的类多达数十卷。据宋人文章记载，当时说话人必须幼习《太平广记》。宋元话本杂剧诸宫调也时常引用其中的故事。而明、清小说、戏曲中，很多也是从《太平广记》中找到题材的。可见这部书对于宋元时代民间文学的发展所起到的影响和作用。南宋时有《青琐高议》这部包含杂记、志怪和传奇小说的总集广为流行；洪迈的《夷坚志》这部宋人志怪小说中篇幅最大者，除神仙鬼怪、异闻杂录的内容外，也记有宋人的遗闻逸事、诗词歌赋及习俗习尚等，成为研究宋代社会生活的有用资料，受到后代学者的高度评价。宋代还产生现代文学概念中小说体裁的中国白话小说，如《五代史平话》《宣和遗事》和《大唐三藏取经诗话》等，对后世的《水浒传》《西游记》有极大影响。

明代白话短篇小说和长篇小说一样繁荣。著名的有冯梦龙编的《古今小说》和《喻世明言》《警世通言》《醒世恒言》（世称“三言”）和凌濛初编的《初刻拍案惊奇》《二刻拍案惊奇》（世称“二拍”）等。元末明初还有一些长篇章回小说，即历史演义出现。罗贯中的《三国志通俗演义》为其开山之作。其后较著名的这类作品有余邵鱼的《列国志传》、甄伟的《西汉通俗演义》、熊大木的《北宋志传》、袁于令的《隋史遗文》、杨尔曾的《东西晋演义》。

其后除了有《水浒传》《西游记》和《红楼梦》等中国小说史上的几大丰碑外，

还有《镜花缘》《聊斋志异》《儒林外史》《官场现形记》《二十年目睹之怪现状》《孽海花》《老残游记》等优秀之作。

明清小说的丰硕果实，建起了中国文学史上与唐诗、宋词、元曲并驾齐驱的又一巨大辉煌。

2．中国文学理论之果

中国文学理论最早可以从儒家那里找到源头。儒家最早提出一个包罗极广的杂文学观念，他们所谓的文、文章、文学，既包括“礼、乐、刑、政”在内的最广义的文，也指古代的《诗》《书》《礼》《易》之类的文献典籍，还指文辞、文采以及文人的德行操守。儒家的文学观初步揭示“文”与社会生活，“文”与人的品性的复杂关系；比较充分地论述了文章、文学的政治作用和社会教化作用；提出美与善、文与质两对范畴和“中和”的审美原则；还提出合乎道、师乎圣、顺乎礼的文学批评准则和“以意逆志”“知人论世”的批评方法。儒家的文学观，理论虽较简略，但作为文学理论，应当是最早的一家，其意义不可低估。

道家的文艺思想偏重于探讨文艺的内部规律，包括审美理想、创作构思和艺术风格之类。把“本体论”的哲学思想引入文艺思想的领域，对文艺本身加以研究，是道家文艺思想的最大特点。其他如重视自然美，反对人工美，尤其是反对人工雕琢的审美理想，自觉不自觉地为创作结合自然的神化艺术提供某些途径和方法。重视浪漫主义的艺术风格等，也从注重对文艺本身加以研究的文艺思想中派生出来的，对后世均产生巨大的影响。

现存的严格意义上的文论著述，最早的是曹丕的《典论·论文》。它不仅专论文学，而且通过分析不同文体，对比不同作家，探讨诸多文学方面的问题，并且提出了许多独特的个人看法。《典论·论文》的见解包括对文学的作用做出了很高的估价：“盖文章，经国之大业，不朽之盛事”，认为著作文章与“立德扬名”一样可达到精神的不朽，这种观点大大提高文学在社会生活中的地位，有利于文学事业的繁荣；提出“文以气为主”的著名论断，所谓的“气”，说的是文章作者的气质、个性能够带到文章中，使作品的风格符合作者的性格气质。文章具有不同的“气”，根源在于作者具有不同的“气”。这种“文气说”开了后世文章风格形成论的先河，具有历史性意义；提出文体划分的观点，“文本同而末异”，说明各种文体既有共同的原则，又有不同的要求，即“盖奏议宜雅，书论宜理，铭诔尚实，诗赋欲丽”，分文体为四科八类，大体划定后世通行的广义的文学范围，使文学概念更加明确起来；提出关于文学批评的正确主张，即认为“文非一体，鲜能兼善”，因此要反对“各以所长，相轻所短”那种“自古而然”的“文人相轻”的陋习，而应当“审己以度人”，应当重视创新精神。曹丕的《典论·论文》篇幅不足千字，但涉及面很广，并且提出的见解对后世影响极大。

在中国文学理论史上第一篇系统阐述创作论的文章，是陆机的《文赋》。他提出“意不称物，文不逮意”，即文、意、物三者存在矛盾的问题，而创作中所要解决的根本问题，就是要求一篇作品的“意”能正确反映“物文”能完善地表达“意”。而要做到这一点，就必须在创作前做好生活准备，即“伫中区以玄览”，做好学养准备，即“颐情志于典坟”，准备工作就绪，就可以进行文学创作了；开始创作前最关键的问题是对全文的构思，要排除干扰，发挥想象力，达到“情瞳昽而弥鲜，物昭晰而互进”，使情和物在头脑中逐渐清晰、活跃起来；考虑布局结构时，在意（义）和文（辞）两方面都应精心安排，必须形式服从内容，使“理扶质以立干，文垂条而结繁”；在整个创作从无到有的创造性精神劳动中，要力求“言恢之而弥广，思按之而愈深”，使文和意都达到比较完美的境界；在面对文章“多变”这点上，提出“苟达变而识次，犹开流以纳泉”的观点，掌握了变化规律，便能化难为易，左右逢源。陆机的《文赋》总结的创作四要领是：一要定去留，“考殿最于锱铢，定去留于毫芒”，剪裁讲究精细，对“离之则双美，合之则两伤”的，要删改互相妨害的部分，务求辞义相称；二要立警策，“立片言以居要，乃一篇之警策”，即于显著部位用警策之语来突出主题；三要戒雷同，“虽杼轴于予怀，怵他人之我先”，杜绝剽袭，也要避免无心的暗合；四要济庸音，“彼榛楛之勿翦，亦蒙荣于集翠”，即要以精妙的秀句为全篇增色。陆机将“唱而靡应”（不丰富）、“应而不和”（不和谐）、“和而不悲”（不感人）、“悲而不雅”（不典雅）、“雅而不艳”（不华美），视为五种文病，提出“应”“和”“悲”“雅”“艳”相结合的审美标准。陆机的《文赋》已能较为准确地把握文学的特征，如突出情感因素；强调形象的概括力；注重艺术性等。由此可见，陆机对创作规律的论述已达到相当全面的程度。《文赋》对后世文学理论的影响，包括对《文心雕龙》的积极影响，都是显而易见的。《文赋》也因此奠定自己在中国文学批评史上独特的地位。

中国古代最有系统的文学批评著作当数刘勰的《文心雕龙》。这是一部融史、论、评为一体，以精美的骈文写成的，内容丰富、体制宏阔、结构严密的古代文学理论巨著。我国古代的文学批评萌芽于先秦时代，起初只有片段的资料，散见于有关学术著作之中。到后来随着文学的发展和繁荣，文学批评和文艺理论也得到了进一步的发展和取得了很大的成就。但在《文心雕龙》之前，仍然没有形成真正的体系。《文心雕龙》真正形成一个包容范围广泛、脉络连贯、条理井然、层次清楚、主旨鲜明的文学理论体系，做到"体大思精""笼罩群言"，成为中国文学批评和文学理论发展史上的一块丰碑。

我国现存最早的一部诗歌评论专著，是南朝梁代钟嵘所著的《诗品》。它系统评价了汉魏至南朝 120 多位五言诗作者，指出其特色和优缺点，分别为上、中、下三品。钟嵘评诗有其审美和批评标准。在思想内容方面，注意到诗歌内容的多样性，而不只强调某一类题材；表现方法上，主张适当运用赋、比、兴，使诗意深婉而不晦昧，即要做到"干之以风力，润之以丹采"，以使诗歌产生滋味无穷的艺术感染力。评论作者时，注意考察其"体"，即作品内容和形式综合形成的艺术风貌，以显优劣、定品第、溯渊源、辨流派。《诗品》以其特色和成就，在文学批评和文学理论方面为后世留下宝贵的遗产。

中国古代的文学批评和文艺理论著作不胜枚举。上面所及，不过是它们中间的一小部分代表作而已。

二、中华优秀传统文化的艺术成就

（一）中国的书法艺术

1. 中国书法艺术的形成、演变与发展

被誉为"纸上的音乐与舞蹈"的中国书法，以纯净的线条为载体，穷尽线条的万千变化，通过汉字笔画的自由运动和结构布局，创造出意境、创造出和谐、创造出风格、创造出美的形象来。

世界各国皆有文字，但独有中国将书写文字变成一门其妙无穷的书法艺术，

这与汉字本身，与书写工具的特殊性，不无关系。中国汉字草创时，由形而来，每个字都有画意，经历若干演变，才发展成为以后定型了的汉字。在书写工具上，用毛笔书写，由于笔端柔软而富有弹性，又给汉字的画意增添了艺术色彩。

中国书法之所以能成为一门艺术，还因为它不仅是将汉字当作一种符号来处理，只想到造字之“形”，而是书家在写字时更注重“情”贯字中，即在所写的字体中倾注自己的感情。如元代书家陈绎曾说：“情之喜怒哀乐，各有分数：喜则气和而字舒，怒则气粗而字险，哀则气郁而字敛，乐则气平而字丽。情有轻重则字之敛舒险丽，亦有浅深，变化无穷。”[①] 可谓深得其中之奥妙。从这个意义上，我们可以说，中国书法是以汉字的书写为基础，融书法家的气质精神和技艺于线条的万千变化之中的抒情艺术。

中国的书法艺术有着悠久的传统。它的发展同汉字字体由甲骨文、大篆、小篆、隶书，直至楷、草、行诸体的演变过程相一致。产生于商代、西周的最早的较为成熟的文字——甲骨文，表现出的线条结构，有的显得紧密严整，神态庄重，有的则疏落、错综，形成较大反差。这些用刀刻在龟甲或兽骨上的甲骨文，算得上是中国书法最早的尝试。

大篆产生于西周，又称为“籀文”。它是由商代同甲骨文相近的被王室贵族铸刻在金属钟鼎彝器上面的铭文（亦称金文）变化来的。主要变化在于结构上趋于整齐雄伟，字的线条更为流畅。秦时李斯省简了大篆的复杂，使之成为书写起来更方便简洁的小篆，而且风格变得婉通。小篆体的产生跟当时书法的工具由毛笔和竹木简取代刀和甲骨等有直接的联系。

为书写便利，秦汉时隶书产生了。先秦隶、后汉隶，到东汉时，隶书已基本成熟，字形呈“八字势”，故称“八分体”。汉隶较之秦隶，形象上藻饰加重，结构上俯仰变化，笔画也产生了波磔之美。并且，汉隶书的风格多样化，有结体精致的，有神韵超逸的，有厚重丰茂的，有遒劲高古的，还有奇纵有姿的。

到汉末三国时，汉隶书的字画上有了“侧”（点）、“掠”（长撇）、“超”（直钩）、“啄”（短撇），结体上更加遒丽严整，变成真书，即正楷。

为求书写之便捷，隶书由小篆演化而来，而在隶书便简的基础上，产生章草。

① 陈绎曾，郑杓，盛熙明．翰林要诀 衍极 法书考[M]．北京：北京师范大学出版社，2016，07.

这种书法体既保存隶书画有波磔，字字无牵连的笔意，但又不完全按隶书的规矩写，而是有纵任奔逸的特色。以后又出现了字画没有波磔，字字之间每每勾通牵连的今草体。在汉代还产生介于一笔不苟的楷书和狂放自适的今草之间的行书。

中国书法艺术中，楷书、草书和行书这诸种书法体在汉代已基本成型，以后则再也没有新的变化。在诸体中，隶书是上承篆书下启草、楷、行书的关键。汉代以隶书为主，到了魏晋时，则转为楷书、行书、隶书并盛的局面，并且书法家之间出现了师承的风气。南北朝时，书法以南北分流，南方尚流美之体，而北方以方严为尚。北魏的魏碑体，隶楷错变，丰富多彩，给后世以极大影响。隋唐之际的书法，南北合流又有了新发展。初唐时的书法崇尚晋代大书法家王羲之的风格，讲究字的形态要劲健有力。唐开元以后，颜真卿开创正而不拘，庄而不险，奇伟秀拔而法度从容的书法风。中唐末期的柳公权等人，则主张形要瘦挺、结体严紧、骨力劲，而忌字态的肥厚。人称“颜筋柳骨”，其特色各具，皆为后世推崇。

2. 中国书法大家与书法理论

中国书法的辉煌，与历代书法家层出不穷有直接的关系。从秦时以小篆风格婉通著称的书法家李斯，到东汉末隶书造诣极高的书法家蔡邕；从写真书如“云鹄游天，飞鸿戏海”的钟繇，到晋代被称为“书圣”的大书法家王羲之。到了唐代，更是书法名家辈出。如以篆书著称的李阳冰；以草书著称的张旭，工草书逸势奇状、妙绝古今，被誉为“草圣”；与张旭同样有名气的是怀素；被称为“初唐四大家”的欧阳询、虞世南、褚遂良、薛稷各具特色；“纳古法于新意之中，生新法于古意之外”的颜真卿，既善草书，也善正书，“点如坠石，画如夏云，钩如屈金，戈如发弩”，敢于再创新风的柳公权，都是唐代著名的大书法家。宋代以出新意于法度之中，肉丰骨劲、藏功于拙的苏轼；以侧险为势，横逸为功，变化多端的黄庭坚；加上米芾、蔡襄二人，被誉为“苏黄米蔡四大家”。元代有结体妍丽，并擅长篆籀、分隶、真行、草书各体的大书法家赵孟頫。明代长于行草的祝允明、文徵明、董其昌等人的书法，都产生了很大影响。就是在清代康乾之际，都仍然奉赵孟頫、董其昌的书法为圭臬。清代不但出现一批隶书名家，而且还出现篆籀大家邓石如。正是由于这一代又一代的书法大家的潜心钻研，不断开拓创新，才有中国书法艺术高潮迭起的辉煌。

中国书法艺术几千年的发展中，书体由甲骨文、大篆、小篆到隶书、楷书、草书、行书的演变；各领风骚的书法家的不断涌现，为中国书法的理论研究奠定了坚实的基础。中国古代书法论著，一是十分丰富，二是理论流派自成体系。他们不仅对于各种书体的审美研究颇为深透，而且对书法者与书法的关系的研究，在理论上也颇有建树。如中国的书法理论推崇书法的气质与格调，而且认为这种气质与格调并非只是一种技术、技巧和技法问题，主要来自书法家的学问修养，乃至他们丰富的人生阅历。中国书法几千年演变、发展的实践，为理论研究提供了丰富的材料，而书法理论的研究又为进一步的实践提供指导。正是在这种实践、理论，再实践、再理论的发展中，简单的点和线化成神奇的艺术美。这种神奇的艺术美，通过一幅幅书法作品因运笔的缓急、结构的疏密、点划的轻重、布局的虚实，而产生的或迅如疾风，或腾若蛟龙，或静如秋水，或媚如春山的字体；留下的或严正平实，或风雅秀丽，或圆润浑厚，或峭拔俊逸的书法墨迹；以及一部部书法论著，保存了下来，成为中华优秀传统文化中的国粹、国宝，享誉世界。

（二）中国的绘画艺术

1. 中国绘画艺术的形成、演变与发展

中国绘画具有悠久的历史、独特的风格和丰富的遗产。

当我们的祖先在陶器上绘制动植物纹样和人物活动的图案，以反映当时人类的渔猎、采集的劳动生活，制成彩陶的时候，是在距今七千年之前的新石器时代。

以线条为主要造型手段的绘画传统形成于战国时期。从湖南省长沙战国楚墓中出土的《人物龙凤帛画》和《物御龙帛画》等作品看，已具有简括生动的造型、婉转流畅的线条，以及富有浓厚的装饰风味。

秦汉时期，帛画和壁画进一步发展。西汉彩绘帛画出现采用上下分栏的构图方式，表现在生时的阔绰生活和祈祷死后升天的主题，勾画的线条劲力娴熟，色彩富丽厚重。汉代的壁画，有了很大发展。特别是由于当时的富豪厚葬成风，所以墓室的壁画都十分精彩动人，题材内容也十分广泛。不仅包括现实生活、历史故事，而且包括神话传说、祥瑞迷信等。在 20 世纪 70 年代内蒙古自治区发现的汉墓壁画《车马出行图》《乐舞百戏图》《牧马图》等，皆造型生动，色彩鲜明。汉宣帝时有名的麒麟阁壁画，则是当时壁画盛况的反映。大量的精美的壁画砖、壁画石，也在这个时代涌现出来。

魏晋南北朝时，由于佛教的兴盛，寺观、堂庙、石窟内的壁画，无论规模和成就都大大超过了汉代。甘肃敦煌的石窟壁画最为著名。敦煌莫高窟从前秦（公元 4 世纪）开凿到元代（公元 14 世纪），历时千年。现存的 490 多个洞窟，2 000 余尊塑像和 45 000 多平方米的壁画，成为世界上最大的佛教艺术宝库。敦煌石窟中北魏、西魏时期的壁画，显示出中国传统画风在吸收、融合外来艺术的基础上的不断丰富和提高。这一时期有名的画家有 120 多位。其中，戴逵、顾恺之、陆探微、张僧繇等皆为名重一时的杰出画家。代表当时绘画最高水平的当推顾恺之的《女史箴图卷》《洛神赋图卷》。后者取材于曹植的诗作《洛神赋》。作品色调明丽，笔法细腻传神，在充满浪漫色彩、似真似幻的环境中，刻画出一幅感人至深的人神相恋图，创造出一种难以言状的意境。这一时期不仅出现大量的绘画作品，而且还出现了中国最早时一批绘画理论著作。如顾恺之的《论画》、宗炳的《画山水序》、谢赫的《古画品录》等。它们对以后中国画的发展，产生了深远的影响。

隋唐时形成色彩灿烂、富丽华贵、恢宏壮观的新绘画风格。它不仅超过过去的各个时代，而且影响到东方各国。隋唐壁画中佛教题材的绘画明显出现向世俗化发展的倾向。敦煌唐代壁画中的这些例子是画家聪明才智和艺术创造力的反映。他们把想象与现实结合起来进行创作，在佛的形象中寄托自己对现实生活的感悟、理解和要求。唐代画家为数众多，绘画题材空前扩大，风格流派争奇斗艳，著名作品大量涌现。人物画高度繁荣，山水画、花鸟画独立分科，出现了人物、山水、花鸟画的专家。名师巨匠中，有被称为“画圣”的吴道子，其一生创作巨量，长安、洛阳的寺院道观中就有他的壁画 300 多幅；唐初著名画家阎立本擅长人物画，其创作的《步辇图》《历代帝王图》等，皆为中国画史上的珍品；张萱、周昉则以画妇女题材的人物画著称。山水画大家则有隋代的展子虔，擅长山水卷轴画；唐代的李思训父子，擅长青绿山水画；吴道子的山水壁画；王维则首创水墨山水画，诗画全壁。最有影响的花鸟画家有边鸾、刁光胤。擅于画马的曹霸和韩斡；长于画牛的戴嵩、韩滉等，皆为名家。画家队伍庞大，成功之作不胜枚举。

五代两宋时期，社会风俗画大量出现，产生了《清明上河图》这样杰作中的杰作。山水画的名家辈出，五代时期的荆浩、关仝、董源、巨然，宋代的李成、范宽、郭熙、刘松年、马远、夏珪等都堪称大家手笔。他们留下《潇湘图》《寒林雪景》《早春图》《寒山独钓图》《踏歌图》《长江万里图》等，皆为传世佳作。花鸟画也成就突出，五代的徐熙、黄筌，宋代的赵昌、崔白等人的作品，从技法到画风到作品的数量，都达到一个新的高度。宋朝设立了“翰林图画院”，形成典雅、精致、工细的院体画风。宋代画院中，人物画家就有130多人。王居正、李公麟、张择端、扬无咎、李唐、肖照、苏汉臣、刘松年、陈居中、李嵩、梁楷、法常、龚开等，皆为一代名家。他们创作了《韩熙载夜宴图》《货郎图》《免胄图》《村医图》《采薇图》《蚕织图》等一大批珍品。宋代绘画的最高成就当推张择端的《清明上河图》。这是一幅长卷绘画，高25.5厘米，长525厘米，描绘出一幅清明时节北宋都城汴梁到郊外几十里的河上和两岸的风光。河上的漕船不断，虹桥下一只即将开行的大木船上，老水手立船头用劲撑动船竿，桥上众人俯身注视大船，河上热闹紧张；岸上的街市也熙攘非常，有酒楼、药铺等大店，也有香铺、弓店、十字路口的茶铺、屋檐前挂着“解”字招牌的当铺等小店，都在做着自己的生意；画上有做车轮的木匠、卖刀剪的铁匠、算命的、挑担的、骑着马前呼后拥的官员、坐小轿的妇人、凭栏望着河水的闲人……各色人共550余，皆形态逼真；各种牲畜50多头，车辆、轿子近20台，大小舟船20余艘，也活动在画中。画面内容丰富，构图复杂，但描绘精细，人物栩栩如生，活灵灵地再现宋代大都市的风貌。

元代绘画艺术出现重大的变革和转折。以黄公望、王蒙、倪瓒、吴镇为代表的“元四家”的创作，使元代山水画完全摆脱宋代院体画的风格，开始注重抒情写意，讲究以书入画，追求笔墨情趣，提倡“逸笔草草”，以枯淡、幽寂、空灵、简远的境界为时尚。自此之后，山水画渐成中国画的主流。

明清两代出现沈周、文徵明、唐寅、仇英这样各具鲜明风格特色的“明四家”、出现了浙派，吴门派，以徐渭、陈复道为代表的“水墨写意派”，以周之冕为代表的花鸟画派等，各领风骚。清代有刻意摹古的“四王”一派，清初四僧、新安画派、金陵八家、扬州八怪等名家名派。石涛、八大山人、郑板桥则是这些画派中的杰出代表。

2．国画

中国绘画艺术中，国画最具中华民族独特的艺术光彩。国画按照绘画题材，可以分为以描绘人物为主的人物画；以描绘山川、花草树木等景色为主的山水画，以宫室、楼台、屋宇等建筑物为题材的界画；以描绘花卉、草虫、飞禽、走兽等为主的花鸟画等几大画科。国画之所以能自成一家雄踞世界画林，是因为它具有充满东方魅力的独特的审美内质和技法。在古代，国画家习惯将诗歌和书法一起融入绘画作品中，谓之“书画同源”，为我国所独有的绘画形式。“西洋画”重光影明暗的不同，常从固定的点来观察对象；而国画则常用散点透视法，讲究的是寻找不同的角度，从各个侧面切入，根据不断运动的事物来作画，使整个画面更广阔，具有动态美。一幅《清明上河图》，将山水、界画、人物等熔于一炉，表现出自然、连续的动态风光。国画以中国独有的毛笔、水、墨、宣纸为工具；形成钩皴点染、干湿浓淡、阴阳向背、虚实疏密、留白，以及工笔、写意、勾勒、设色、水墨等一整套可以变幻无穷的技法；更兼用壁画、屏帐、卷轴、册页、扉面等画幅的形式。这些都赋予国画既多彩多姿又独特不群的艺术风貌。国画特别强调传神写意，讲究“非师造化，中得心源”，要求“意存笔先，画尽意在”，做到“以形写神，形神兼备”。国画虽然讲究意境和传神，却并非排斥真实。它最终追求的是一种兼具形和神，两者完美结合的艺术形式。画面上的一山、一水、一远村、一丘壑，往往意境幽远，诗意浓郁，既具有自然物的生机，又饱含画家情感的滋润。元代以来，中国画家在画面上题字写诗成为时尚，从而开创世界画坛上独有的诗、书、画、印四美相映成趣，相照生辉的中国画风。

国画艺术，是中国独有的一种绘画艺术，同时也代表着中国绘画艺术较高的水平。它以傲然独立的姿态，在世界绘画艺术领域闪闪发光。

（三）中国的戏曲艺术

1. 中国戏曲艺术的形成、演变与发展

中华传统文化中的戏曲，起源很早，历经漫长岁月的发展，至宋金时期形成比较完整的体系。

中国古典戏曲由“百戏”演变而来。这种“百戏”包括古代祀神的歌舞，说唱艺术，南北朝时用一支曲子反复演唱来叙述一个完整故事的“大曲”，隋唐时的“俗讲”，宋时的“鼓子调”“诸宫调”“参军戏”等。

秦汉以后，“百戏”有了集中表演的传统，古典戏曲也就产生于这时的环境之中。北宋时的都城东京（今开封）有专为集合艺人表现而设立的瓦舍，内有许

多勾栏，艺人在勾栏里演出，相互竞争、相互吸收，促进戏曲艺术的发展。

宋代杂剧是中国最早的戏曲形式。其主要节目有以大曲曲调唱故事，有由参军戏演变来的调笑剧，还有歌舞段子。表演时，一般先演一段歌舞段子，再演正杂剧，有时最后还加演一小段玩笑段子。

元代杂剧以北方流行的曲调演唱，是在宋杂剧、金院本的基础上糅合其他艺术产生的。元杂剧每本四折，表演一个故事。有的剧本会在开头加一个短小“楔子”，对故事的前提做简短说明。元杂剧的唱词和对白，基本上是为描摹场景、抒发人物感情、交代故事背景、推动剧情服务。四折戏规定用不同宫调，每折戏的唱词都一韵到底，整本戏由一个人主唱。演员的行当，男主角叫正末，女主角叫正旦，配角有外末、冲末、外旦、净、搽旦等。戏班的演员多数属于教坊或乐籍。都市里公开的演出场所也叫“勾栏”。著名元杂剧作家关汉卿的《窦娥冤》、王实甫的《西厢记》等代表作，就是在勾栏里演出的。元杂剧的出现标志着中国戏曲艺术达到了成熟阶段。

宋元时期，在南方还产生由村坊小戏演变而来的南戏。南戏与元杂剧的不同在于每行角色都可以唱；且曲调形式、唱词格调变化很多，适合表演各式人物的情感；行当角色齐全，有生、旦、净、丑、外、末、贴。元末的《琵琶记》就是南戏的代表作，对后世影响很大。

明代南戏广泛流传，形成四种主要的声腔分别是弋阳腔、余姚腔、海盐腔、昆山腔（亦称昆腔、昆曲）。其中昆腔流丽悠远、委婉动听，深得人们喜爱。四种声腔的传播，推动明代传奇的创作，使明代的戏曲艺术形成新体系，进入中国古典戏曲繁荣发展的新阶段。汤显祖的《牡丹亭》便是其中的杰出代表。在这一发展时期，昆腔集南北曲之大成，各种宫调搭配运用，广泛运用借宫和集曲，使曲牌联套体的结构方法更富表现力。伴奏乐器的配置完备，使演出能在规定的情景和节奏中进行。南戏的七种角色行当在昆腔中发展为十二种，划分更细致。弋阳腔则运用生动的念白、加强表演的戏剧性和动作性，以炽烈粗犷的风格吸引观众，以打击乐器为主伴奏，唱时字多音少、一泄而尽，使整个演出高昂奔放。昆弋诸腔皆重视服饰、化妆和脸谱的运用，净丑的勾脸切合人物性格特征。各类典型的色彩图案和构图原则，一直沿用至今。在各种声腔并存的情况下，演员致力于综合唱念做打各种艺术手段来塑造各种形象，达到相当高的表演艺术水平。

明末清初，昆曲盛行。以后由于受地方语言和民间艺术的影响，逐渐演变为富有当地色彩的昆剧，使地方戏普遍发展起来。清康乾之际已经有了梆子腔、乱弹腔、秦腔、楚腔、二簧腔、弦索腔等诸多声腔，百花竞开、新奇迭出。这是因为，同一戏曲的声腔在不同地域演唱，吸收当地的唱法，从而演化出各种各样不同种类的新唱腔和新剧种。乾隆初年，北京剧坛上出现昆曲与京腔的竞争，结果弋阳腔被引进宫廷，与昆曲同样可以演出宫廷大戏。以后秦腔名角魏长生进京，继而南下扬州、苏州，扩大了秦腔的影响。三庆班、四喜班、和春班、春台班四大徽班进京，终于取得花（指地方戏）雅（指昆曲）之争的胜利，并与同在京演出的京秦诸腔融合。清道光年间，徽、汉二调又进一步融合，并广泛吸收了昆弋各声腔之长，发展成为了京剧，取代昆曲独尊的地位。

2. 享誉世界的中国京剧

中国的京剧发展至今已有200多年的历史，其剧目极为丰富，不完全统计约有3 800余出，许多传统剧目，作为中国传统戏曲的杰出代表，京剧以其鲜明的民族特色、民族风格，独特的演出体系和独有的魅力，在世界上享有极高的声誉。

京剧集歌剧、舞剧和话剧于一身，融唱（美妙的唱）、念（抑扬顿挫的念白）、做（优美的身段舞步与动作）打（精彩的武功表演）于一体，在表演形式上就高出中外其他剧种剧目一筹。京剧表演艺术因为受到舞台的空间限制和时间限制，巧妙地采取一种虚实结合的表演方式，交代出事件发展的空间和时间变化。演出中一支桨可以代表一只船，一条鞭意味着一匹马，甚至不用道具，也可以表现出开门、上楼等动作，通过创造意境，给观众留下广阔想象空间的奇特的艺术效果。如传统剧目《梁祝》十八相送一场，其缠绵难离的意境和感人至深的艺术效果就是通过剧中人物绕池塘、临井台、过木桥、登庙堂等虚拟与写意的场景交替而突显出来的。《打渔杀家》中，肖恩父女二人以桨代船的表演，给观众的却是撒网捕鱼的从容、船过险滩的紧张等种种画面与意境。在那些表演宏大战争场面的剧目中，舞台上并无千军万马与众多的道具，但人们却通过饰演将领者，挥动马鞭，伴随急促的鼓点在空旷的舞台上跑圆场的表演，感受到将军催动坐骑，驰骋疆场的场面；而两军对垒、激战厮杀的场面，则是通过并不是很多的演员唱、念、做、打的种种表演显现出来的。京剧的虚拟与写意的表演特点，妙在不但为演员塑造人物提供充分的艺术空间，而且为观众驰骋想象留下巨大的场景画面空间，从而产生无穷的艺术魅力。

中国京剧以徽汉二调为基础，吸收昆曲和梆子腔的唱法。角色最初分为生、旦、净、丑、末、副、外、武、杂、流十行，用不一样的唱念做打形式，表现不同人物性格。在京剧200余年的历史中，产生一批著名的京剧艺术家。仅就近现代而论，就有梅兰芳、尚小云、程砚秋、荀慧生、谭鑫培、郝寿臣、裘盛戎、袁世海、周信芳、马连良、叶盛兰、俞振飞、盖叫天、杨小楼等。在生、旦、净、末、丑各个行当中都有大师名家。特别是继承和发扬京剧优良传统的杰出大师梅兰芳，在旦角表演艺术上广泛吸取、大胆创新，巧妙地把多种旦角（青衣、花旦、刀马旦、闺门旦）的表演艺术融合为一体，使旦角的演技发展到一个新阶段，确立旦角在京剧舞台上的中心地位。1919年他第一次把京剧艺术带出国门，以后又多次出国传播，引起轰动。

中国京剧在中华优秀传统文化中占有独特的地位。作为艺术，它是不折不扣的民族精粹，其内在精神与中国的诗、书、乐、画重写意传神的内在精神完全一致；作为艺术，它显示出的是中华民族无穷的智慧、才能和创造力；作为艺术，它为世界艺术宝库增添的是中华民族特有的艺术资质和审美内容。京剧，作为中华民族对人类的伟大贡献之一，是值得我们引以为豪的。

（四）中国的建筑与雕塑艺术

1. 中国建筑艺术的形成、演变与发展

（1）中国古代建筑的发展、演变

最初，人类为了安全在树上搭建“巢”，或寻找天然洞穴居住。氏族社会之后，才学会用树枝等材料搭建房屋。到了商代，出现了夯土房屋；后来人类又改进了简单的木架构，出现了大型木构建筑，并成为主流；建筑总体布局上，已出现了后世“四合院”的雏形。

发展到春秋战国时期，铁器的使用，使得建筑技术迅猛发展。人们将夯土和木架构技术结合起来，以阶梯形夯土台为基础，木构建筑建其上，打造豪华宫室，并出现了以宫室为中心的城市建筑群。瓦开始相当普遍地使用，且出现了具有装

饰性图案的印纹瓦，形成独特的瓦当艺术。

秦汉时期国家的统一也为形成统一的中国建筑风格创造了条件。许多空前规模的宫殿、陵墓、城防、水利工程被建造出来。最高达五层的木结构高楼的出现，标志着木结构技术的重大发展。木构建筑在结构方法、式样和造型特征上都开始形成自己的体系。砖石结构的建筑也有发展。《史记·始皇本纪》中，称阿房宫这一建筑群的前殿就是“东西五百步，南北五十丈，上可坐万人，下可建五丈旗”。足见当时建筑艺术的水平与建筑物的规模。汉代住宅建筑的式样更为多样，风格也各具特色。

两晋南北朝随着佛教的传入、道教的兴起，出现宗教建筑的新类型。其中，佛寺、佛塔的建筑最有成就。利用秦汉高层楼阁建筑的技术对外来建筑形式进行改造后，中国风格的佛寺、佛塔建筑大量出现。风格柔和优雅，图案的装饰和细部的处理更具特色。《洛阳伽蓝记》中记载北魏洛阳永兴寺有木构九级浮屠（塔），其规模“去京师百里已遥见之”。北齐时境内佛寺建筑多达 4 万多处，有的华美程度足以与帝王的宫苑相比。这时的建筑砖瓦结构最为先进，并用琉璃瓦替代瓦上涂色的装饰手法。

隋唐时期，原有的建筑形式，逐渐接纳吸收外来建筑，两者进一步融合，在工艺标准上趋向一致。木构建筑在这一阶段基本上已经定型，都城建设有了固定的布局和规划。建筑设计中不仅使用图样，还出现了木制模型，以帮助完成大规模复杂的建筑群的建造。隋代建的大兴城（即唐代的长安城），为明清北京城的两倍半，居古代世界城市之首。唐贞观八年（634 年）兴建的大明宫，不但气势规模空前，而且建筑成为一个完整的体系。宫中有皇帝处理政务和群臣朝见的含元、宣政、紫宸三大殿和西北高地上的麟德殿。含元殿为大朝正殿，以龙首山为基，左右有翔鸾、栖凤二阁。宫殿群屹立于 10 米高的墩台上，前面有长达 70 多米的龙尾道逶迤而下，烘托出雄浑非凡的威严气势。麟德殿为皇帝饮宴群臣、观看杂技舞乐和作佛事的地方，由三座殿阁组成，面宽十一间，进深十七间，面积是明清故宫太和殿的三倍。由此足见当时的建筑从布局到造型所达到的艺术和技术水平。在建筑材料方面，当时除了木、土、石、竹、砖、瓦等大量使用外，琉璃瓦顶、斗拱、壁画及其他建筑形式也全面发展，装饰艺术也达到相当精美的程度。中国唐代古建筑艺术已达到初步成熟的阶段。

宋代建筑风格的变化体现在，形式趋向柔和绚丽，布局上追求立体和多样的平面，在材料和装饰上更为复杂多样。特别是建筑构件的标准化程度，在宋代对建筑工艺的各个层面都有了严格规定，还出现了一些建筑学专著，介绍建筑设计和经验。北宋李诫的《营造法式》，被誉为中国古代建筑“法典”，详述从测量开始，到设计、用料、施工、彩画等的全部过程，是对中国古代建筑规律进行总结的集大成之作，也是当时世界上最完备的一部建筑学专著。它还是后人研究中国古代建筑艺术最珍贵的历史文献。

元明清三代，是中国古代建筑风格基本定型，建筑开始走向程式化的时期。建筑上的主要成就表现在建筑群体组合与规模上。今天我们所能见到的古代建筑，几乎都是这三代的遗存。建于明代永乐十五年（1417 年）的北京故宫，是中国现存规模最大，保存最完好的古代建筑群，代表中国古代建筑群组布局的最高水平。故宫在建筑群组布置上强调中轴线的地位。在中轴线上布置外朝内廷，最重要的建筑是前三殿和后三宫，其余宫室对称分布于左右，拱卫中轴线上的建筑。院落的大小、殿庭的广狭都服从于主次关系。前三殿是故宫最大的建筑群，占地面积为宫城的 12%，后三宫为前三殿面积的 14%。包括太上皇、皇太后居住的其他宫殿，又小于后三宫，以此来突出前三殿和后三宫的主要地位。在建筑形体上，主要通过间数多少和屋顶形式来区分主次。这样，宫中大量的院落组成一个轴线突出、主次分明、统一和谐的整体；把国与家，国事、政务与家事、生活的秩序关系，把君臣、父子、夫妇等纲常伦理关系，都通过建筑空间形象体现出来。规模不同的院落、形态各异的建筑外形又造成多种多样的空间形式，从而形成故宫在总体统一和谐中又富于变化的建筑风格。明代建成的北京的天坛作为皇帝祭天和祈年之所，主建筑圆丘、皇穹宇和祈年殿自南而北布置在一条轴线上。祈年殿建在三层汉白玉的须弥台基上，殿身圆形以像天圆，三重蓝色琉璃瓦圆顶以像青天，顶尖鎏金宝珠，殿身朱漆柱枕福扇，黄尖、青顶、红身、白基色，色彩鲜丽明快、造型精巧优美，是中国古代建筑艺术中的极品之作。

（2）中国古代建筑艺术的基本特点

中国古代建筑无论在技术还是艺术上都有中华民族自己的风格和特点。这主要表现为以下几点。

①以土木为主要建筑材料的传统建筑

中华民族古代文化最早兴起于黄河流域和长江流域。当时气候温暖湿润，土地肥沃质好，生长着茂密的森林。这为当时人们因地制宜，就地取材提供了条件，木材和泥土为当时主要的建筑材料。因此逐渐形成以土木混合结构为主的建筑传统。“兴土木”就这样成为建筑的代名词。尽管以后石料也成为重要的建筑材料，用来造石梯、做石基，甚至在东汉时还有了全部用石造的建筑物，但这种石材料和石结构建筑在古代并不普及。

②以木构架为主的结构方式

以木构架为承载主体，为墙壁起围护、分隔作用，并盖以斜坡式屋顶，是我国古代传统建筑的基本模式。这种木架构的构筑方式是，先在石基上立起木立柱，立柱上架横梁。搭建好结构之后，将架构间连接起来，整体框架就搭建成功了。它的优点，一是立柱可以承载房顶和屋面的重量，墙壁只起到隔离空间的作用，而不承载整个建筑物的主要重荷，所以在门窗的开设、空间的分隔、墙体材料的制作上都有了很大的灵活性，有利于因时、因地、因需来采用和制造这些材料；同时有较好的安全可靠性，能够收到“墙倒而屋不塌”之效。二是木架构的造型多变。不仅能建造方形建筑，还能建造其他类似圆形、多角形、扇形等各种平面的建筑。在木构架中，大量使用的斗拱用于构架的交接点上，用以承托梁头、枕头，支撑出檐的重量，加深了屋檐外挑的深度，既承重又起装饰的作用，很有优越性。

③讲究对称、主次、和谐的建筑平面布局

庭院布局是古代建筑布局的基本特点，这种布局以单建筑为基本单位，组成庭院，庭院再组成建筑群。庭院布局以主体建筑为中心，采用均衡对称的方式布置安排若干次要建筑来衬托，再以廊、围墙将它们联系成为一个整体。庭院布局的优点是，有很强的私密性，能够按照长幼尊卑、男女、主仆等合理安排居住，人人各得其所，又体现出了不一样的地位，尤其符合封建礼法制度的要求；同时，庭院内还可种植花木，造成安静舒适的生活环境。总之，这样一种建筑平面布局的结果，使对称、主次与和谐都统一于整体之中。中国古代的宫殿、衙署、祠庙、寺观、住宅都广泛采用这种布局法。庭院之间的组合，在均衡对称的大前提下，或重叠组合，或夹道、横廊连接，组成深度大又富于变化的空间，创造出一种整体的美。

④注重运用和发挥色彩装饰的功能

中国古代的建筑注重色彩装饰的手段、功能和作用，从而增加了建筑物的美感和抗腐性能。古代建筑的色彩装饰，是审美价值与实际功能价值的完美结合。其中的彩饰油画和后来发展起来的琉璃瓦等，都增强了建筑物的美感，使之更加灿烂生辉。

此外，一些少数民族的建筑还有独自的风格与特色；就是同一个民族的建筑，也因地区自然条件、时代生活要求和习俗上的差异，产生出区域性的特点来。这些都一起构成中华建筑艺术的风格和特征，成为我们民族财富的组成部分，也成为我们民族对世界贡献的重要组成因素。

2. 中国古代的雕塑雕刻艺术

早在新石器时代，我们的祖先在制作陶器的过程中就出现了一大批陶塑艺术品。我国迄今发现的最古老的雕塑品，是河南密县莪沟北岗出土的陶塑人像。而在辽西红山文化遗址中，发现的距今 5 000 年前的一个接近真人大小的彩塑女神头像，则造型准确生动，把人物形象和性格刻画得栩栩如生。由此可见，中国古代雕塑艺术源远流长。

商周时代的雕塑艺术主要融入青铜器铸成的后母戊鼎、四羊方尊、大盂鼎、大克鼎等之中，除平面纹样外，不少立体的雕塑装饰铸于青铜器之上。春秋战国时期的雕塑作品，一改西周形成的厚重质朴的风格，制作精巧，表现出生动繁复的特点。河南新郑出土的一对莲鹤方壶堪称杰出的代表之作。器身饰蟠曲龙纹，大双耳也塑为龙形，器四角是立体怪兽，圈足下为咋舌的双兽，壶顶莲瓣盛开，立鹤展翅欲飞，颇具动感美。

秦汉之际的雕塑多系俑像和陵墓石刻。现已发现的临潼秦始皇陵兵马俑，堪称“中国古代文化艺术史上的奇迹”，雕塑史上的高峰，令世界瞩目。现已开掘出的一、二、三号兵马坑，占地两万余平方米，有武士俑 7 000 余件，陶马 500 余匹，战车 130 多乘，人、马、车皆如真人、真马、真车一样大小，按真实的军阵排列。这些神态各异的陶塑兵马俑，塑工严谨、比例准确、服饰逼真，足见纪元前中国雕塑艺术的水平就已达到令人叹为观止的高度。这些雕塑所展示的场面之宏伟、数量之巨大，震惊世界，被称为“奇观”，也就很自然了。汉代在大将军霍去病墓周围采用依山循石造型而制成的大型石刻组雕《马踏匈奴》《跃马》《卧马》《卧牛》《伏虎》《怪兽吃羊》《卧象》《人与熊》等，主题鲜明、风格古朴、造型生动、形体巨大、气势雄壮，是汉代石雕艺术的典范之作，也是我国最早的纪念碑式石雕群。

魏晋南北朝时期，是佛教雕刻艺术的鼎盛期。代表作有，北魏时期的敦煌莫高窟、云冈石窟、龙门石窟和麦积山石窟等。这一时期，佛教雕像大多高鼻梁深眼窝，衣服通肩或偏袒右肩，刀法平直，受外来影响痕迹重。北齐时期的河北峰峰南、北响堂山石窟和山西太原天龙山石窟，也是这一时期的代表作，佛教雕刻出现褒衣博带、俊秀飘逸、刀法圆浑的特点，外来影响逐渐被本土化。

隋唐时期，我国的雕刻艺术风格多样、技巧纯熟、形象传神。如唐代的陵墓雕刻庄严雄伟，乾陵和顺陵的石狮、石麒麟和独角兽，皆造型生动、表现手法单纯有力，具有整体的完整性。唐时的陶俑很流行，表现范围更广、表现力更丰富。陶制的人像中，文官武将、小儿妇女、乐舞人胡人等各种形象都有，其中妇女和乐舞人最多。“唐三彩”的陶器更是多彩多姿，具有浓郁的唐风。

五代两宋时，寺观盛行的泥塑木雕逐渐代替洞窟石刻造像。所创作的作品以自由写实、富有生活气息见长。

元明清的雕塑艺术从总体上看没有太大的成就。但明清两代在与工艺美术密切结合的小型案头陈设雕刻方面有明显发展。如福建德化的瓷塑，广东石湾的陶塑，江苏南京的竹刻，闽南、广东潮州的木雕，江苏无锡、河北天津的泥塑，都取得相当的成就。

中国古代的雕塑雕刻艺术，在中国传统文化中具有自己的地位，在世界艺术之林中也是有影响的。

（五）中国的园林艺术

1. 中国园林艺术的形成、演变与发展

中国古典园林经历 2 000 多年的发展，形成自己独特的艺术风格，取得了很

高的艺术成就。英国造园专家杰里科（Geoffrey Jellicoe）将中国园林、希腊和西亚园林并称为“世界造园史上的三大动力”。

中国园林最早可算到周文王的灵囿。它不但有高台、池沼，而且风物悦人。

秦汉时期建筑宫苑为帝王皇族别居和游幸的地方。到了魏晋南北朝时，由于山水诗、山水画的盛行，中国园林才算基本形成。“园林”一词也才应运而生。这时的园林已是山水、植物和建筑三合一的山水园。但风格已由过去粗略模仿真山真水转为用写实手法再现山水了。从这一时期开始，造园林的做法一般不外是凿池构山，经过巧妙设计，人工再造自然山水，创造出自然山林景色；假山成了园景的重要组成部分，结合地形堆造假山，成山路崎岖迂回，峰峦环抱，洞壑幽深之景；临水构建峭壁危崖，或为曲岸，或建石矶，使山水相融更趋自然；山上配植高林巨树，或垂蔓悬葛，或移花、栽木像自然山林一样景致；在高处建楼阁，俯瞰全园；在林中设阻隔，不能使景色一览无余；在堂前房后叠石为山，或倚墙构造石壁，其上点缀花木，构成图画；园林中的水，或用自然水面，或用人工开凿，聚分不定，聚则增阔水面，分则似断似连，成曲折深邃的自然景观。

隋朝时最著名的宫苑是西苑。它以湖、渠水系为主体，将宫苑建筑融于山水之中。唐宋两代是中国历史上诗词绘画的繁荣时代。文人将诗情画意融入园林设计，从凉亭楼阁、小桥流水、草木花蔓中体现情思，形成写意山水园。宋代汴梁除有玉津园、宜春苑、琼林苑和金明池四个名园外，还有代表当时最高水平的“寿山艮岳。”此园构图的中心是山石奇秀、洞壑幽深的艮岳，以万松岭和寿山为辅，有主有从，并在艮岳的最高峰上建介亭，山际置亭使艮岳为群峰之主的地位更加突出。人于亭中，可观园内外之景。艮岳写意山水园以自然风景名胜区的风景为基础，再进行人工规划、布置，创造出意境不同的自然风景园。距今 700 多年前就成名的杭州西湖十景，分别是苏堤春晓、柳浪闻莺、花港观鱼、曲院风荷、平湖秋月、断桥残雪、雷峰夕照、南屏晚钟、双峰插云、三潭印月，就是写意园林的典型。唐宋时期的私家园林大发展，在当时的洛阳，有不少宅园都是在面积不大的宅旁地里，因高就低、掇山埋水，表现山壑溪池的情趣。或点景起亭、筑台览胜，或小桥曲径，化平淡为神奇，或借他景于园内，丰富自然之景为艺术。

明清有皇家的大园林，也有私家的小园林。前者如北京的圆明园、颐和园、河北的避暑山庄等；后者如苏州的拙政园、沧浪亭、留园、网师园诸园林。皇家园林大都建于郊外。有在自然山水基础上加工的，有完全靠人工建成的。一般都建筑面积大，规模宏伟，色彩富丽，并且达到一种“虽由人作，宛自天开”的意境。私家园林大都与住宅相连，面积大小不一，园景顺应自然，布局灵活；室内陈设字画、工艺品、精美家具，甚至有楹联、诗词、题咏等。追求自然美、建筑美、绘画美和文学美的统一与和谐。

2. 中国古代园林艺术的特点

（1）顺其自然，布局灵活，变化有致

不规则的平面，疏密相间的空间，连绵不断又处处更新的景色，都讲求顺其自然，而不取一固定模式。园内的一花一木、一屋一墙、一山一水，或用来变换景貌，或用来隔阻视线，布局灵活而不循一定之规。每一景或用曲桥曲径，或用曲廊曲窗相连接，使人置身园内的景中，不能一览无余而增添神秘感。苏州的拙政园、北京的颐和园等园林，就突出这种讲究因地因势造景成园，顺乎自然、布局灵活，变化有致的特点。

（2）小中见大、虚中有实、以有限空间呈无限景致

以苏州园林为代表的园林，一般都不大，但园林中山不高有峰峦起伏之势，水不深有波澜浦动之态，路不长而曲，桥不长而多折，从小园中见大景，这是一种模拟自然和浓缩自然的艺术。而在一些面积规模较大的园林中，则大园中有小园，使大景中显出别致的小景来。园林还以一墙之阻当实，一水之隔为虚，园墙漏窗则虚实相间。上海豫园就是这类虚实对比、虚实相间的艺术特色的典型。

（3）曲径通幽、含蓄不露

中国园林讲究含蓄美，在景色之中蕴含意境，耐人揣摩，让人难以轻易看透其中奥秘。园中山径、道路、溪流等都弯弯曲曲，迂回曲折，在阻隔断续中产生出含蓄不尽的美来。园林中的水往往在山石、花间、亭阁中透迤穿行，不显头不露尾，从而给人以源幽远、流无尽之感。有的园林还先藏后露或欲露先藏。进门之时普普通通，而只有在经历一些曲折之后，才得视野开阔，得观全园风景。

（4）空间在流通与相互渗透中成为一个整体

中国园林由山、石、池、树、屋组成的各种空间，相互间因势开合，形成流

通渗透之势。园中室内与室外的空间，园林的园内与园外的空间，园内的这景与那景的空间，或用门窗、或用亭阁、或用山水、或用廊桥连之结之，使开朗之景与幽邃之景，使明暗窄阔等，都能相互融于对方，对比中显出融洽来。

（5）园林诗情画意浓

中国古园林艺术包含文学、绘画、雕塑等诸多艺术于其中。或用匾额、或用对联、或用题咏、或用碑刻来立意点景，为园景增色添辉。著名的西湖十景，景景有题名。人们由题名而生出对景物景致的美好想象来。园林的诗情画意所以能浓，与文人画家设计园林分不开，而且也与园主人的鉴赏水平是分不开的。

中国园林的艺术美，是前人留下的一笔宝贵的艺术财富。其高度的艺术成就，将永远为世界园林艺术增辉添彩。

第三章　中华优秀传统文化传承的意义与现状

文化是民族共有的精神家园。在中华民族的精神家园里，需着重对中华优秀传统文化的基本概念、基本内涵予以把握，了解与其相关的基本理论，以使人们真正理解、传承我国优秀传统文化的意义之所在。中国历史的长河在神州大地上已经流淌了五千年，然而现在的文化传承出现了一些问题。本章主要讲述中华优秀传统文化传承的意义与现状，分别从优秀传统文化传承的意义、优秀传统文化传承遭遇的困境、优秀传统文化传承与发展问题的成因分析进行论述。

第一节　优秀传统文化传承的意义

文化的传承并非是一个简单的工程，而是一个非常复杂的系统性工程，当今社会，是一个不断变化和激烈竞争的社会，在构建社会主义和谐社会的前提下，需要积极探究我国优秀传统文化的发展路径。每个国家民族文化的发展都离不开文化传承的机制，我们应该对此进行深入研究与探讨，为我国建立健全传统文化传承的内在机制贡献力量。

一、传承历史传统文化的历史意义

我们都知道，中华民族生生不息的命脉就是我国的优秀传统文化，传统文化也是凝聚中华民族的精神动力，可以不断激发出我们的民族创造力，孕育着我国的爱国主义精神。要实现中华民族的伟大复兴，必须振兴中华传统文化，实现中华传统文化的繁荣发展。当前，社会主义市场经济不断发展，文化领域也显现出蓬勃的生机与活力，社会主义事业的发展重要的组成部分就是文化的发展，这与社会主义现代化的建设密切相关，传承、发展传统文化是社会主义文化发展的重要方面。中国特色社会主义先进文化的创造和发展有两个重要的基础：一是建立在中国特色社会主义的实践基础之上；二是建立在我国的优秀传统文化基础之上。对我国优秀传统文化传承体系的建设，不仅可以传承和发展中华优秀传统文化，另一方面对促进我国社会主义先进文化的发展，具有非常重要的意义和作用。

二、传承历史传统文化的现代意义

当前社会中存在着信任危机、生存危机和诚信危机，究其根本主要是文化危机，这主要是由于传统文化的缺失和断裂造成的社会现象。我们需要加强学习和继承优秀传统文化。中华优秀传统文化是中国特色社会主义在当前可以获得不断发展的精神推力和内在动力。在经济发展的不断推动下，优秀传统文化与实践相结合，在实践中转换为符合当前人民所需要的、符合社会发展的新型文化。在面对外来文化的时候，我们应该汲取外来文化中的精华，借鉴外来文化中有益部分，让外来文化为我所用，使我国的优秀传统文化可以面向世界、面向未来，走向世界，实现文化的现代化发展，只有这样才能保证优秀传统文化为社会和大众提供更好的服务和价值，有利于我国现代化的建设，实现中华民族的伟大复兴。

第一，弘扬优秀的传统文化，加快我国的文化建设，使得文化建设与当前社会主义市场经济相吻合，这也是人们日益增长的精神需要的必然要求。在社会主义市场经济快速发展的情况下，社会中出现了很多的利益失衡的现象，一些人非常注重眼前的利益，不顾诚信的缺失，将传统文化中的“义”抛之脑后。第二，传承优秀传统文化是文化建设的需要。民族的主要标志就是文化，民族的灵魂也是文化，文化为人民创造了希望，创造了发展，可以凝聚各族人民的力量。历经五千年的文化积淀，中华文化具有无与伦比的丰富内涵。虽然，在历史的发展变迁中，我们中华民族一直受到外来的干扰和侵犯，但是我们的民族文化却一直在发展，没有被中断。我们应该立足于文化建设和文化发展的战略高度，站在物质文明和精神文明融合发展的角度来传承和弘扬中华优秀传统文化，从而影响广大的青少年，为中国人重塑理想，为人民创造出一个和谐的、安乐的社会。第三，传承优秀传统文化是社会道德建设的需要。社会中一切道德的基础是文化，中华民族一直以来是重视文明和教化的国家和民族。对此，应该将优秀的传统文化传授给青少年，让青少年在一个良好的文化氛围中成长成才。

在中国传统文化中蕴含着丰富的内容，是世界文化宝库中璀璨的明珠，我们应该加强对中国传统文化的传承和弘扬。首先，理解和学习传统文化，正确对待中国传统优秀文化。用马克思主义的理论指导文化的发展，对于文化中的精华要保留，对于糟粕要摒弃。其次，将马克思列宁主义与中华优秀传统文化相结合，用党的最新理论成果指导文化的发展，在马克思主义的指导下实现对传统优秀文化的创新和发展，促进中国文化的传承。马列主义中国化需要在重构传统优秀文化中吸取营养，立足中国特色社会主义实践。如毛泽东思想立足于中国实践，就是在中国共产党的领导下，在马克思主义思想指导下，在中国传统文化的熏陶和孕育中产生的。最后，对中华民族的优秀思想和文化进行继承、发展、弘扬，促进社会主义精神文明建设，建设中国特色社会主义。

第二节　优秀传统文化传承与发展问题的成因分析

一、中国创意产业发展速度慢

当今时代是一个不断变化发展的时代，要想保证文化的长久发展就需要让文化具有创意。如今的世界是一个竞争不断加剧的世界，为了保证本国文化的发展，各个国家在积极采取措施来保证创意产业的发展与进步，通过文化的创新来促进本国经济的发展。我国历史悠久，有着丰富多彩的文化民族资源，尽管如此，我国的创意文化产业却发展得并不好，并没有充分开发和利用，也没有实现创新和发展。在我国的文化创意发展中较为成功的是《蓝猫》《喜羊羊与灰太狼》，但这种成功的案例在我国非常少。

二、人文教育不足

在我国的当前教育中存在着一些问题，这些问题导致我国的传统文化流失较为严重。民族的文化决定着民族的兴亡，教育又深刻影响着文化的兴亡。我国的教育中存在着教学内容单一性的问题，也存在着对学生管得太严的问题。在科技不断发展和膨胀的时代，大力发展理科教育是非常有必要的，但是在社会中还有人文、价值指引和道德领域的问题需要解决，但是在这方面的教育并没有得到充分的重视。很多优秀古代书籍被埋没，对于其中的一些名句名段只是因为考试的需要才进行学习，其他的并不被人们所熟知。因为当前的教育还注重应试教育，这就导致学生在学习的时候缺乏思考，社会中也缺乏一些具有真才实学的学生。

三、现代生活对传统的冲击

在科学技术不断进步和发展的今天，我国的生产力得到了很大的发展，人们为了追求更高的经济利益，会对一些东西进行简化。在当代的社会背景下，一些流传下来的手艺、习俗、礼仪等与现代社会并不适应，太过于烦琐。在现代社会中，中国的古代建筑也面临被拆除的困境，很多的老城区因为城市的发展被拆除，建成了高楼。

四、文化遗产亟需法律武器的保护

文化遗产有着非常多的种类，但是因为缺乏相关的人才和法律的保护，并没有得到很好地发展。长期以来，我们对传统文化的保护工作的重视程度不高，普查力度也不大，对于民间文化中广泛存在的非物质文化遗产的整体情况并没有深入进行了解。不仅如此，文化遗产保护的观念非常滞后，也没有相应的资金支持和技术支持，并没有对文化遗产进行正确的、合理的开发和利用，这就导致很多的文化遗产处于一种自生自灭的状态。对于一些非物质文化遗产并没有进行合理的、科学的、权威的鉴定和说明，比如古代的工艺、科技、舞蹈、音乐、民族文物、历史图像、历史声音、民俗文物等，当前的法律法规并未对非物质文化遗产的保护有详细和明确的规定，不利于文化遗产保护工作的开展。此外，非物质文化遗产的相关教育和人员的培养也非常的匮乏，文化遗产的保护与传承和相关的教育之间存在脱节的现象。不仅如此，传统文化的传承程序也具有很多的缺陷。在古代社会中流传下来的重男轻女的陋习一直影响着文化遗产的传承和保护，出现了一些技艺“传男不传女”的规矩，这种现象的存在导致很多独具特点的技艺逐渐走向消亡，这是非常令人可惜和令人遗憾的事情。

在当代，传统文化的传承令人担忧。可喜的是，在国外，中国的传统文化备受推崇，较为典型的是动画片《花木兰》。《花木兰》是美国的迪士尼公司制作的一部动画电影，首映在新加坡，之后在全球进行放映，收到了很大的反响，这也使得《花木兰》成为迪士尼公司生产的利润最高的影片之一，《花木兰》的取材来自于中国的历史。除此之外，还有一部较为典型的电影就是《功夫熊猫》，《功夫熊猫》在 2008 年北京奥运会之前上映，取得了很好的票房，获得了巨大的成功，在这部电影中就包含很多的中国思想和文化，蕴含着中国古代的道教精神。韩国的“江陵端午祭”事件，淋漓尽致地体现国外对中国传统文化的看好。对此，我们应在这些事件中不断反思，如何将中华优秀传统文化发扬光大，如何防止盗取中国文化资源事件的发生。

第四章　中华优秀传统文化传承的对策

在继承和发展中华优秀传统文化的过程中，重要前提条件就是建立正确的传承原则，只有这样，才能保证传承工作的切实落实，取得良好的效果。此外，对于中华优秀传统文化的传承还应该采取以政府为主导，同时社会积极参与的模式，通过有效的、合理的方式进行传承和保护。保护中华的传统文化，一方面可以实现个人和单个群体的权益，另一方面是政府实施公共文化服务职能的重要一环，同时是社会公益文化事业中的重要组成部分。中国传统文化诞生于中国这片有着悠久历史的土地上，有着深厚的文化底蕴，传统文化遗产是中国传统文化得以延续的重要命脉。鉴于此，我们应该采取积极措施和手段，建立和完善中华传统文化的传承体系。本章论述中华优秀传统文化传承的对策，分别介绍长效机制的建立、加强自我创新能力、完善传承和传播渠道三个方面。

第一节　长效机制的建立

何谓长效机制？所谓的长效机制就是指在长时间内保证制度可以正常运行，并且可以对预期的功能进行发挥的制度体系。为了在制度上保证中华优秀传统文化得以继承和发展，各级政府应该积极制定相应的政策和法律法规。当前，面对西方强势文化对我国传统文化的冲击，加之当前社会中的现代多元价值观的深刻影响，中华优秀传统文化要想在急功近利的经济效益诉求中摆脱商业附庸性，冲破自身的农耕经济的束缚，保证在当前社会中获得较好的发展，保持文化的纯度，就需要建立传承中华优秀传统文化的长效机制。传承中华优秀传统文化的长效机制的建立，需要以政府为主导，政府应该成为传承的主体，成为建立长效发展机制的组织者、策划者、协调者和领导者，只有这样才能保证中华优秀传统文化的顺利传承和发展。基于此，各级政府应该积极从以下几个方面入手，做好自身的工作。

一、进一步制定保护中华优秀传统文化资源的具体措施

保护中华优秀传统文化资源是当代传承中华优秀传统文化的前提。要使保护工作落到实处且卓有成效，还必须采取合理有效的保护方法和措施，具体措施如下。

（一）实行系统性立法保护

立法保护对于传承中华优秀文化、保护文化遗址有着重要的意义和作用，体现政府对于文化和文物的重视。我国有着丰富的传统文化资源，种类繁多，不仅仅包含物质文化遗产，还有很多的非物质文化遗产。因此，只有加强对文化遗产的立法保障力度，才能真正传承和发展传统文化。政府应该对尚未被保护的文化资源按照不同的分类标准进行分类，完善分级分类的法规和制度，以此来保护优秀传统文化。

（二）进行传承性保护

针对非物质文化遗产项目传承进行的保护就是传承性保护。对项目传承人的保护应该在非物质文化遗产的保护中处于重点保护地位。民族民间传统文化传承人可以是以下人物：一是该地区或者该民族公认的对该地区或者该民族的传统文化活动内涵、活动形式、活动的组织规程非常熟悉和明确的人；二是对民间传统的文化技艺可以熟练掌握的艺人；三是对传统文化的原始资料和实物进行保存的人物。民族民间传统文化传承人的命名应该由本人申请或者是别人推荐，再经过初审、审核、批准这三个程序才能确定。传承者可以培养新的传承者，可以按照师承形式对传人进行选择和培养。民族民间传统文化的传承人所进行的讲学、艺术创作、传艺、学术研究活动都受到政府相关条例的保护。政府应该建立相应的档案对这些被命名的民族民间传统文化的传承人进行管理，以此来支持传承人的活动。对于生活有困难的传承人，政府可以进行相应的生活补助。要想使得中华优秀的文化得到传承，保护传统文化中的完整性、多样性就应该对传承人进行保护和支持。

（三）对知识产权进行保护

随着经济的发展，在利益面前，社会中发生很多优秀传统文化被抢注的事件。

如在杭州就出现老字号被抢注，后来不得不高价购回商标的事情，这值得我们警惕。知识产权与传统文化的保护工作是有着紧密联系的。人们在长期的历史实践中，在长期的生产和生活中根据前人的经验进行创造，留下中华优秀传统文化遗产，具有鲜明的特色。因此，在很多的传统项目中都有知识产权的问题。不管是对传承人进行明确还是对项目进行确定，目的都是对传承人所创造的价值和技艺进行认可，对传统文化进行认可来保护中华优秀传统文化。对于知识产权保护措施来说，设立保护人和设立保护项目本身就是知识产权保护的重要举措，不仅如此，还应该与知识产权的相关法律法规相结合才能使知识产权的保护步入正轨，呈现法治化、规范化、科学化的特点，用法律积极保护创造成果。因为我国的传统文化资源有着复杂性和广泛性的特点，因此，单一的模式不能提供有效的保护，对此，可以对传统文化资源进行分类，按照不同的类别进行划分，按照类别的不同采用不同的模式。政府和企业为了保护和传承传统文化，可以采用建立地理标志、保守商业秘密这种方式，当然，也可以采用知识产权这一个法律武器对传统文化资源进行保护。如何利用知识产权进行文化保护呢？首先应该积极申报中华优秀传统文化专利，对文化遗产要进行登记，对商标品牌完成注册登记。具体来说，对一些具有中华优秀传统文化特色的文学艺术、戏曲艺术、手工艺品、村民、节庆等，可以进行商标的注册、对产权进行登记，促进中华传统优秀文化的传承。

（四）实行整体性保护

对优秀的传统文化资源的保护应该扩大保护范围，从个体的文物与建筑—建筑群、历史街区—完整的古城，积极转变发展的理念，由原本的“旧城改造”转变为当前的“整体性保护旧城”。对位于旧城中的传统建筑应该做好日常的修缮工作，对原本的道路格局、街巷机制进行维护和保护。在保护的过程中，应该将地域的文化差异、独有的历史文化渊源、文化所具有的多元性和城市的设计和归还进行融合。

（五）实行社会性保护

所谓的社会性保护指的是对社会中的各个阶层的力量进行调动，让社会的各个阶层都行动起来保护中华优秀传统文化资源。首先，积极建立起相应的传统文化资源保护机制，学术研究保护机制、民间保护机制、宣传普及保护机制，通过机制的建立，来加强社会各界对优秀传统文化资源的价值认识，只有这样才能不断提高民众保护优秀传统文化的自觉性，对决策者、研究者、执行者的保护理念进行强化，为保护优秀传统文化资源营造良好的社会氛围，这也成为保护和传承优秀传统文化的社会和心理基础。其次，当前对优秀传统文化资源的保护还有资金不足的问题，针对这个问题的解决应该积极调动社会力量，鼓励个人、企业进行文化资源保护的捐赠和投资活动。同时还应该加强全社会对优秀传统文化的认同感、民族的自豪感，提高文化的自觉性，通过各种方式来发挥中华优秀传统文化的影响力，加强优秀传统文化的宣传。最后，还应该积极鼓励和动员公民、企事业单位、科研机构和其他的社会组织和群体参与到保护中华优秀传统文化的工作之中，发挥全社会的力量。

二、因地制宜开发本土传统文化资源

可以在全国范围之内开展“家乡传统文化再兴行动”等系列活动，鼓励各个地区因地制宜，根据自身的特色和条件，采用灵活多变的形式，对本地区的优秀传统文化资源进行开发和利用。

首先，以现代艺术设计为依托，对本土的文化资源进行开发。地方文化的开发不是短期的事情，是需要长期不断的努力，也是一项艰巨的、规模巨大的系统性的工程，并且需要对文化资源的开发进行适时宣传，在社会上营造出良好的文化保护的氛围，同时建立起共同开发的信念，建立起共同开发的联系，要通过各种方式吸引全国各行各业积极参与优秀传统文化的保护工作，将人才、资本、技术引入到开发之中，不断加快开发的进程，提高开发的整体效果。现代的艺术设计具有非常丰富的内涵，也蕴含着独特的文化特质，承担着实现有效沟通的角色。艺术设计在对本土文化艺术资源进行挖掘中，因其丰富的实用艺术内涵、独特的文化审美特质可以与地方的本土文化资源进行整合，对地方的文化艺术进行全方位的创新，以此来打造地方的文化品牌和形象，只有这样才能在市场中具备竞争的优势和地位，可以将本土的传统文化资源转化为经济的优势，在市场竞争中占据有利地位，转化成市场竞争优势服务。对于地方本土的文化企业和文化产品来说，可以借助艺术设计通过企业形象设计、造型设计、包装装潢设计、广告设计等形式在市场中获得较高的市场份额，增强形象的竞争力。艺术设计可以对知识和技能，如科技、文化、经济、艺术等进行综合的运用，将本土的文化商品打造成符合市场审美需求的、具有艺术感染力的品牌。打造具有市场吸引力的、与受众品味相符合的产品，使商品更加具有人性化的特点，更加具有魅力，也更加富有情感。

其次，借助旅游这一形式，开发本土的传统文化资源。在促进文化的发展方面，旅游有着独特的功能和作用。第一，文化的发展过程应该是一个形式与内容相协调的不断进步和发展的过程。文化的内容会通过如生活习俗、语言文字、宗教信仰、艺术表现、家居建筑等各种的形式表现出来。文化的表现形式通过旅游这个媒介可以得到创新和发展，文化中的内容也能借助旅游者的活动和鉴赏得到发展和传播，将文化的形式和内容进行有机地结合，可以实现二者的协调共进。第二，文化的发展不仅是一个继承的过程，而且也是一个摒弃的过程。以旅游为平台，为公众提供一个对传统文化进行自发、集体了解的机会，公众需要对传统文化重新审视，对于传统文化的把握应该建立在公共的需求基础上，使中华优秀传统文化成为传承与扬弃创新的时代参照标准。将文化资源转化为社会公众可以进行消费的商品，这是旅游在文化发展中最为突出的，也是最为直接的作用。不仅如此，旅游还会为传统文化的维护提供资金支持。应该指出的是，尽管旅游业在文化发展中发挥着作用，但旅游业的发展本身并不会对文化资源的自觉保护有直接的作用。因此，在旅游发展的背景下，有必要提高对旅游和文化之间关系的认识，合理开发与保护文化资源，实现二者的双赢。故而，对于文化资源的合理开发和利用才能实现旅游的可持续发展。为了合理利用文化资源，首先必须保护文化资源所有者的主体地位。主体地位体现在经济利益和文化的保护中。重要的是，当地人仍然是文化保护和发展的主要参与者，只有这样，被保护和发展的文化才是原始文化，而不是为吸引游客来参观旅游而创造的“伪文化”。作为保护中华传统优秀文化的典范，开封以宋文化为核心，依托于黄河文化，以中华优秀传统文化为前提和基础，整合传统文化，形成具有开封特色的旅游文化品牌。着力打造具有宋代文化特色、具有明显优势的产业、打造具有雄厚实力的文化产业格局，提升全球实力。积极落实建设和打造具有广泛吸引力的国际文化旅游城市，依托于本土优秀文化，打造三大品牌——宋都、水城、菊乡，与此同时，还积极举办很多节会——灯会、菊花花会、庙会等，此外还积极建设和打造各个精品景区，制订了古镇的发展规划，积极建设千年古镇，促进文化资源的利用和发展。

最后，广泛开展群众性的民间文化活动，通过活动来开发当地优秀的传统文化资源。随着经济的不断发展和变化，现代化的进程不断加快，在这样的背景下，人们的生活水平不断提高，社会结构也随之发生改变，在这样的大背景下，地方方言和依托于方言的小剧种面临着非常严峻的挑战和危机，很多小剧种逐渐湮灭在历史的长河中，消失在经济的快速发展中。一些地方小剧种，因为没有较强的适应性，加之市场发育程度低，导致演出的团体与群众之间的联系逐渐弱化。戏曲在网络文化、外来文化、快餐文化的不断冲击中，已失去了往日的辉煌，很多的小剧种和较为稀有的剧种在这样的大背景下逐渐走向消亡。一些小剧种因为没有观众，导致没有市场，没有资金来源，加上没有人才后备力量，表演技巧也在不断消失。除此之外，还有一部分的戏剧资料流落在民间，很多都很难找回或者抢救不及时，这就导致这些独特的小剧种存在很大的消亡风险。有些戏曲有着鲜明的地域性，并且是依托于地域文化的，尤其是方言戏曲，都深深地扎根于当地的土壤。此外，试图在方言领域之外发展地方方言戏曲是没有可行性的。因此，地方戏曲必须意识到，地方戏曲的生存和发展是建立在地方文化的基础上的。发展地方戏曲最有效的方法是让这个地区的人民看到更多他们喜爱的戏剧，从而建立更广泛的观众基础。

如河南省新乡辉县市，传统文化积淀丰厚，并且具有鲜明的地域特色，尤其是像“乐腔”“怀梆”“二夹中华优秀弦”等传统地方文化剧种在民间有深厚的基础和深刻的影响力。然而，近年来由于受多种因素的影响，传统文化未能在新时期发挥其应该发挥的作用。面对这样的现状，辉县市立足利用民间文化活动，丰富农村文化生活，开发地方本土传统戏曲文化资源的工作思路，一方面组织专业人员整理几代演员口耳相传的传统剧目的剧本并积极“申遗”，使无形的文化有形化；另一方面鼓励老艺人通过口传身教带徒授艺，使传统文化薪火相传。在此基础上，他们还通过组织文艺汇演扩大传统文化的影响力，给予民间演出团体一定的政策和资金扶持，让其走向市场、走自我发展之路让辉县本土传统戏曲文化在当代也熠熠闪光。辉县市的工作思路，可以在全国范围内推广。

三、加大传统文化的招商引资力度

政府的招商引资是传承中华优秀传统文化强有力的物质保障。以河南省为例，历朝历代和先民为河南留下的文化遗产足以令世人垂涎。全省共发现3万余件各类不可移动文物，有140万件被国有博物馆收藏。全省有198个国家级文物保护单位，2处世界遗产，3座国家历史文化名城（村），20座省级历史文化名城，8座国家历史文化名城，6 000多个省、县、市文物保护单位。这里还有丰富的非物质文化遗产，如太极拳、少林功夫、朱仙镇的木版年画、马街书会等，这些都得到全国乃至国际的赞誉。全省有44个民间艺术之乡，均为省级艺术之乡，其中有16个著名的村庄被文化和旅游部确定为“中国民间艺术之乡”。尽管如此，河南只有一些以前建立的传统文化品牌在国内外打响了知名度，如洛阳的龙门石窟和嵩山的少林寺，对于其他的传统文化资源来说，在全国似乎没有发挥足够的影响力。为此，应该积极采取各种措施来扩大其影响，其中的关键问题是资金问题。因此，筹集足够资金对传统文化遗产的延续和保护至关重要。为了实现这一目标和任务，仅依靠国家的财政支持和投入是不够的，政府必须介入，针对这一问题进行招商引资，动员社会力量参与传统文化的传承与发展。政府可以加大对中国传统文化的招商引资力度，可以从以下几个方面来入手。

首先，对区域特色文化资源进行整合，建立文化产业招商投资的项目库。区域文化产业是最具地方特色和创造性的产业。区域的历史文化、区域的风俗习惯、区域的经济发展状况都深刻影响着区域文化产业的发展。科学选择和合理开发传统文化资源是发展文化产业的前提条件。随着时代的演变，加之科技的不断进步、经济的发展，涌现和发掘很多有形和无形的资源，这就迫使我们必须紧跟时代发展的步伐，更新观念，充分利用这些优秀的文化资源，创建全省统一的“文化产业招商引资项目库”，将资源整合到项目的共同融资和开发中。文化产业招商引资项目库的建立需要以各地区的实际情况、各部门的特点为基础，对文化资源进行全面地筛选、梳理、分类，实现分类建库。我国是一个文化大国，各地区都有着非常丰富的文化资源，每个地区都有着独具特色的资源。因此，要借助地方文化资源的优势，依托当地资源环境的承载能力，参考当地资源环境的发展潜力，对不同区域的功能定位进行明确，以此来加强文化创意的力量。只有这样才能实现“一市一景”、中华优秀“一县一品”的区域文化产业发展。

其次，文化产业如果仅依靠自身的积累进行发展，这个过程是非常漫长的，只有将文化与民间资本相结合，引进民间资本和社会资本才能助力文化产业的发展，也就是说将文化产业与战略投资相结合，当然，文化产业的发展也可以引进国外的资本。与此同时，要想促进文化产业的发展还应该积极培育市场主体、积极培育文化品牌，抓好项目的落实。对此，各个地区和相关部门应该以自身的特点为出发点，对文化资源进行全面的、细致的归类，以此为建立区域“文化产业项目库”打好基础。发展国家的区域文化产业，如周口文化、洛阳文化、安阳文化等，在区域文化发展的基础上，打造中华优秀传统文化品牌，以此来促进中华优秀传统文化的产业化发展。

最后，对推介活动进行积极的、精心的组织，不断扩大招商引资的规模。发展文化产业的重要的载体就是文化产业的招商引资项目，文化产业招商的基础就是文化产业的招商引资项目库。要在全国范围内对文化产业项目进行征集，在各个地区上报之后会由相关的专家对项目进行筛选，在确定之后将其上报至文化产业招商引资项目库，之后，会由专业的人员对项目进行包装、加工、核实、翻译等，不断提高项目的质量。基于此，可以将所有招商引资的项目发布在网上，并且将项目制作成精美的文化产业招商项目册或光盘，通过这样的方式，加大对项目的宣传力度，只有这样才能让投资者了解到项目，这是文化产业招商引资的重要前提。

四、协调社会各方力量共谋传统文化的传承

对于中华优秀传统文化的传承来说，这是一项非常复杂的社会系统工程，涉及各个部门，政府要进行统筹协调，形成强大合力，规划文化发展，共同建设生

态文化。各级部门如广播、电视、出版等，是发展当前传统文化的中流砥柱，对此，应该积极发挥各个部门的职能和优势，尽力在传承传统文化中发挥重要的作用。与此同时，社会各界和其他部门也应该积极参与到传统文化的发展与传承中，努力形成自下而上、自上而下合作共管的工作模式。在对传统文化的传承和发展中，应该积极发挥群众在这方面的主体作用，调动起广大群众的积极性和主动性，使全社会焕发文化创造的活力。

同时，中国传统文化的传承是一项非营利的公共事业。只有依靠国家来协调社会各方力量，资源才能朝着正确的方向前进，促进资源的公平合理地分配。如果由市场来配置资源，很容易出现资源倾向于利润的方向流动的现象。政府协调不同社会团体的力量，是保证文化传承和发展活动顺利进行的重要步骤。传统文化的传承只有在政府的指导、规划、组织和协调下，才能打破既得利益的围困，防止功利主义的侵蚀，走向大众化的可持续发展道路。

第二节　加强自我创新能力

立足于当前的社会发展，紧跟时代发展的潮流，在此基础上推动中华优秀传统文化的创新发展和文化的传承，只有这样才能在世界范围内构建起可以体现中国文化和理念的话语体系，以此将中国的价值传递给世界。从这个角度来说，加强传统文化自我创新能力具有深远的意义。

一、优秀传统文化创新发展的必要性

中华优秀传统文化的创新发展对中国在世界的发展来说具有非常重要的意义和价值，是对中华民族血脉的延续，可以构建起世界、国家和人民三位一体的价值体系，与此同时，还能实现中华民族的伟大复兴，可以在世界范围内展现中华文化和国家形象，积极推动人民美好生活的实现。

（一）为实现美好生活提供道德滋养

新时代中的中国特色社会主义，一方面需要满足人们的物质需求，另一方面

还要为人民群众提供精神上的满足，在这个过程中需要发挥文化的社会教化功能。

第一，中华优秀传统文化为今天的中国人提供捍卫人类道德、伦理的思想资源。

对中华优秀传统文化中的守义、互帮互利、以德修身和社会规范的思想资源进行深入研究，充分发挥维护社会秩序、保障利益和整合社会心理等方面的价值观，如节约自制、立德树人、脚踏实地、宣扬信仰、重义轻利、和谐友善等。这些价值观和道德观蕴含着理性的光芒，并在理性的光芒下继续闪耀，在正确理解和处理物质与精神、权利与义务、个人与集体、自我与他人之间的关系方面发挥着重要作用。

第二，中国传统文化在满足现代中国人的精神需求方面，提供思想的智慧。历史是一位好老师，只有当人们知道如何从历史中汲取智慧，他们才能走向更美好的未来。如中国传统文化特别强调道德价值观的培养，并为不同群体提供不同的方法。全体公民注重孝道，劳动者要注重勤奋，高层管理者、领导干部要注重廉洁，商人注重诚信。每一种社会角色不同，侧重点也不同，但这共同营造了一种明礼诚信的社会氛围，有益于社会规范的建立和弘扬，这也为我们构建美好生活提供参考。

综上所述，历经了五千年的中国传统文化对今天中国人的精神世界产生深远的影响，也孕育新时代人的精神世界。

（二）为实现中华民族伟大复兴的中国梦提供文化支撑

支撑国家之魂，文以化之，文以铸之。

第一，中国特有的优秀传统文化是中华民族的文化根基，中华优秀传统文化中蕴含的人文精神、思想观念、道德规范都成为孕育中国特色社会主义建设的丰厚文化土壤。如果将中华优秀传统文化抛之脑后，就会导致中国人的精神命脉被割断会没有根基。在人类发展的过程中，中国的传统文化经历了时间的考验和洗礼，形成和发展道德观——“人心和善”、社会观——“和而不同”、国际观——“协和万邦”、宇宙观——“天人合一”等，这是中华民族发展的根基，是与其他民族进行区分的独有的精神特征和标识。只有在中华优秀传统文化的持续熏陶下，才能“中国特色”体现出来，只有立足于中国优秀传统历史文化，才能更好地为中国特色社会主义事业服务。

第二，中华优秀传统文化是中华民族的非凡力量，同时也是中华民族伟大复兴之路的重要文化支柱。中华优秀传统文化为国家的发展提供强大的精神动力、活力和力量，为了保证国家的快速发展，必须吸收和借鉴本民族的优秀传统文化。中华优秀传统文化为中华民族屹立于世界民族之林提供坚实的根基。中国改革开放 40 多年来，在政治、经济、社会、文化、环境等领域都取得显著成就，这些成就的取得离不开中华优秀传统文化的支持和滋养。故而，只有对中国传统文化的优良基因进行传承，才能保证中国特色社会主义事业获得更好的发展，才能继续激励中华儿女为中华民族的伟大复兴而努力。

（三）是实现中华民族伟大复兴的应有之义

国家和民族的兴盛无不以文化的兴盛为支撑。优秀传统文化是民族精神的标记，具有很强的延续性，以及深刻和广阔的意蕴，在中华民族的历史上一直发挥着精神支柱的作用。可以说，传统文化是中华民族精神的标记，是民族生存和发展的重要力量，是中华民族延续繁盛的基本条件，人类社会的每一次进步无不伴随着文化的繁荣和文明的升华。

优秀传统文化的创新发展是时代发展的需要，在厘清传统文化的基础上，挖掘其与现代生活、时代精神相协调的一些文化特质，并对其进行现代阐释，在新的层次上赋予其时代内涵，使其完成从传统到现代的转化，在超越自我中获得新的生命力和创造力。优秀传统文化只有随着时代的发展，不断地进行扬弃、改造和更新，才能保持旺盛的生命力，并给现实生活以永不枯竭的推动力。

（四）有利于发展中国特色社会主义文化

优秀传统文化创新有利于发展中国特色社会主义文化建设，中国特色社会主义文化建设是关系国家文化安全的重大问题。中华优秀传统文化是中华民族的精神命脉，是涵养社会主义核心价值观的重要源泉，也是中国特色社会主义文化繁荣发展的基础。在中国几千年的不断发展中，在实践的基础上形成具有民族特色的价值观念和道德规范，经久不衰。在中国的传统文化中民族赖以生存的价值观、精神和理想，是生存和发展的根基和纽带，会一直伴随着社会和历史的发展而不断发展。我们只有将当代社会实际需要与中华优秀传统文化相结合才能深入了解其中蕴含在思想、精神、实质上的深刻内涵，更加有利于发展中国特色社会主义文化。

（五）有利于建设社会主义文化强国

今天传统文化的最大问题是缺乏自信。这主要表现在对西方文化的盲目崇拜和对自身文化的否定上，体现在对东方文化的“全盘否定”和对西方文化的“拿来主义”的策略方面。在当前，积极推动中国特色社会主义文化朝着创新方向进行发展，提高中国人对于中华优秀传统文化的自信、自觉、自知、自省，积极维护和捍卫文化的价值，发挥中华优秀传统文化的积极作用和精神支撑的作用，追求、发展道德伦理和文化理念，可以有效促进中国特色社会主义文化的发展，推进建设社会主义文化强国。

二、优秀传统文化创新发展遵循的原则

（一）要坚持马克思主义的指导

传统文化的创造性转化需要将马克思主义作为指导思想，以此为基础，对传统文化进行历史、客观、辩证地分析，有选择地加以继承，实现符合现代的创造性转换，才能实现优秀传统文化的良性发展。

（二）要立足现实确立“转化”的对象

要认真梳理、挖掘、利用好历史传统中优秀的文化资源，坚持实事求是，依据具体社会发展的文化新形势，深入挖掘传统文化的精华，立足现实确立“转化”的对象，在实践中进行创造性转化，从而服务于经济社会的发展。

（三）要处理好继承和创新的关系

要坚持“古为今用、推陈出新”的原则，处理好继承和创新的关系，秉持客观、科学、礼敬的态度，通过对传统文化进行去粗取精、去伪存真的转化，使之成为有利于解决现实问题的文化、有利于助推社会发展的文化、有利于弘扬民族精神和时代精神的文化。

（四）要坚持内涵式发展模式

优秀传统文化的创新发展要立足于文化创意产业的发展，通过发展文化创意集聚区，走内涵式发展道路，推动传统文化产业向高增值文化产业升级，促进文化产业经济发展方式由粗放型转向集约型。

（五）要坚持传统与现代融会贯通原则

不管文化的发源多么久远，它的枝繁叶茂都是靠现实的土壤来培养的。因此，传统文化的发展一定要立足现在，回望历史，坚持传统与现代的融会贯通。创新传统文化需要立足于社会实践，通过对传统文化的形式和内容进行积极、系统的改造，寻求蕴含其中的经验教训、民族智慧、理论资源，这为有效解决现代社会的主要问题提供思想方法和历史借鉴。中国传统文化有着深厚的理论基础和历史渊源，顺应人类历史发展和时代潮流，同时还具有自己独特的特点，不仅与中国人民的根本利益相符合，而且也为世界和平、世界稳定、世界的繁荣和进步作出突出的贡献。在当代，中华民族自强不息、开拓创新精神的集中体现在创造性发展与改革开放中。对于外国优秀传统文化，我们应该不断吸收其优秀的文化精髓，内化为中国传统文化，融入人们的文化精神中，融入人们的价值中，融入人们的社会意识中。

（六）要坚持大众化原则

传承和创新传统文化的主力是民族，因而，要想对传统文化进行传承和创新发展就需要紧紧依靠群众的力量。让民众的日常生活成为传统文化生存的基本寓所，使传统文化从“王谢堂前”的精英文化转变为“寻常巷陌”的大众文化，同时让传统文化成为民众文化的构成要素，并且规范和引导人们的行为。

当前时代是一个文化对社会生活的各个方面进行渗透的年代。就当前的形势来说，文化的大众化趋势是不可避免的，文化只有大众化才能在实践中焕发出新的活力，充满生机。对于优秀传统文化的继承和发展，在当代就是要让其内化成中国人的价值观、人生观。换句话说，优秀传统文化不能仅存在于讲坛上，应该真正深入到群众中，成为生活化的文化、大众化的文化。要达到这个目标，就是把优秀传统文化转换为“生活化”或“大众化”读本，进行再创造。中华优秀文化传承的大众化具体包含以下内涵。

1. 文化内容常识化

与科学的常识化相似，文化内容的常识化是通过科学或者理论更新常识、变革常识。展开来说，主要是通过理论和科学的思维方式、价值规范对常识进行更新和变革，更新思维方式、世界图景、价值规范等，将一些科学和理论逐渐变成人们所认可的、遵循的一种常识。在现代社会中，常识在规范、协调和支持人与社会的现代化和人自身的整体发展方面发挥着基本和普遍的作用。在表达方式上，对传统文化的传承，应摒弃沉重的、烦琐的逻辑论证，贴近人们的生活实际，在具体的时间中与传统文化的具体内涵相联系，融入人们的思维方式、人生观、价值观、行为方式中。基于此，传统文化才能做到大众化。

2. 与公众实践相结合

实践是传统文化传承的基础，只有与人类实际问题的不断解决相结合，才能不断地更新和发展传统文化的内涵。换句话说，传统文化必须与实践相结合，也就是说，只有立足于人们的实际生活，对现实的情况进行考量，才能真正使传统文化融入社会的日常生活中。

三、优秀传统文化创新发展的基本路径

优秀传统文化创新发展的路径如下。

（一）提高思想认识，优化发展环境

优化文化创意产业发展环境，完善基础设施建设，健全各项制度保障，优化法制治理环境。政府应联合当地高校建立产学研一体化的人才培育基地，建立文化产业人才数据库，建立人才交流平台，创新人才交流与管理的新机制。

（二）丰富产品体系，形成产业集群

文化产业集群是传统文化创新发展的高级模式，可形成集聚效应、共生效应、协同效应、区位效应、结构效应。因此要强化一体化观念，走文化产业集群发展的道路。具体来说，要改变行政区划内文化资源独有独享的旧观念，树立资源共享、优势互补、共同打造文化整体形象的新观念，打破行政区划，加强区域联合

协作，形成区域文化旅游产业发展的新格局。

（三）创新投资机制，完善资源配置

加大科技研发、品牌建设、金融服务、人才服务等平台的建设力度，对文化创意产业服务的支撑体系进行不断完善，引导文化创意产业与高校合作，加强技术研发。促进创意中介机构的网络化发展，为创意企业提供各种服务，如咨询、融资、信息、专利代理等，积极促进文化创意产业与其他行业实现跨界合作与融合，通过技术入股，发行股票、债券，社会集资等直接投融资方式，或通过产权交易、兼并、购并、联合等方式，实施文化企业存量重组。推广品牌经营、连锁经营等模式，实现资本与资源的有机融合。

（四）加大政策扶持力度，创新发展模式

完善财政、税收、土地和人才政策，保障文化创意产业的创新发展。加快信息网络等基础设施建设，降低企业信息化成本；充分利用数字化信息处理技术和网络通信技术，整合各种信息资源；大力推进文化旅游产业增长方式由规模型、速度型、粗放型向质量型、效益型、集约型转变；全面优化文化旅游产品结构、要素结构、人才结构、区域结构和企业结构，进一步提高文化旅游产业的整体素质。

（五）创新文化传承，提升产业服务

适应时代的发展，引进融入文化新元素，挖掘传统文化资源，创新儒家文化传承载体，加大对遗产的保护力度；加强公共基础设施建设，提升航空、铁路、公路、水路和景区交通设施水平，增强通达性，构建统一、高效、舒适的现代交通体系；完善公共信息、咨询服务、投诉处理、应急处置、紧急救援、旅游保险等公共服务体系。

（六）学术研究与大众普及的兼顾

传统文化的传承与发展必须做到学术研究和大众普及的兼顾。一方面，调动各地、各级学术界参与传统文化传承与发展的积极性，使之进行深入研究，为传统文化的传承与发展提供学术保障。另一方面，调动民众的积极性，让传统文化的传承和发展成为自觉的民间行为。

1. 加大学术研究的力度

传统文化的传承首先离不开深入的学术研究。只有通过学术界的深入研究，取其精华、去其糟粕，才能正确认识和把握传统文化，从而更好地弘扬传统文化。针对传统文化研究的现状，加大学术研究力度的举措如下：其一，加强学术团队建设；其二，加大学术经费的投入力度。

2. 加快大众普及的进程

事实证明，传统文化在大众中的普及度还不够。大众虽然生活在具有深厚传统文化的大地上，被传统文化包围着，但是对传统文化的精髓知之甚少，这是不利于传统文化传承和发展的。传统文化的传承和发展离不开传统文化在大众中的普及，即要求社会各类群体、各个阶层的成员积极参与到传统文化的传承活动中，社会中的每一个社会成员，不论其地位、身份、职业是什么样的，都应认同传统文化，并且都应以适当的方式致力于传统文化的传承和发展。广泛普及优秀传统文化，让传统文化的传承与发展成为自觉的民间行为，使传统文化变成民众的精神食粮，加快传统文化大众普及的进程，具体措施如下：其一，积极推动民间文化之乡建设；其二，大力发展民间文化组织，扩大传统文化在公众日常生活中的影响力；其三，发挥大众传媒强大的舆论优势，吸引公众关心、参与传统文化的传承工作；其四，重视传统文化对青少年的影响，开展“传统文化进校园”活动。

总之，发展传统文化不是一件简单的事情，是一项巨大的、费时费力的抢救工程、探源工程、积累工程，既需集中民众、学术界、政府等各方面的力量共同努力，又要多措并举，将传统文化的发展运用到和谐社会建设的实践中，运用到人们的精神建构中，使传承模式日常生活化，加速其发展，推动其内容不断创新，扩大其普及范围，进而提高其竞争优势。

（七）书院文化的创新性发展

1. 以书院精神塑造新时代青少年的德行

以书院精神塑造新时代青少年的德行，就是要坚持和遵循儒家“德育为先”的原则，改善社会教育的道德环境。具体来说，要改善人际交往环境，注重人的伦理道德教育。儒家从最开始就将伦理道德放在首位，秉持民族的、平等的教育精神，倡导明德、格物、致知、新民、止善、诚意、正心、修身、齐家、治国、平天下。鉴于此，在对青少年进行教育的时候应该积极引导学生学习儒家中的尊师重道，在师生关系上坚持平等、民主，师生在相互交流中不断进步。鼓励青少年拥有自己的兴趣和爱好。

2. 以书院精神塑造新时代的中国大学精神

以书院精神塑造新时代的中国大学精神，就是要以自由精神为塑造大学精神的根基、思想资源。具体来说，要培育大学的独立精神，使大学自身不受世俗社会的干扰与制约；要在思想自由的基础上，实现学术自由，这样才能使大学成为自由探索高深学问的场所。另外，在大学里，各个学科的关系是既相互竞争，又相互影响的，在这个过程中不断调整自己的观点以及协调彼此之间的关系；学者与学者之间也应该本着相互尊重的态度，相互帮助、相互协商，在此基础上实现学者相亲、学术兼容、学风纯洁；需要特别关注人存在于世界的基本意义，强调对人的价值的需要，注重人格的完善和不断发展，珍视人的生命；反对拜金主义，关注人的人格尊严；以人为本，重视人的作用，反对工具理性或技术理性，强调价值理性和目的理性。

（八）家庭文化的创新性发展

1. 培育新时代的家训、家教、家风

在现代社会，家规、家训、家法等融为一体，形成统一的家教，与大众生活相呼应，符合目前社会主流的伦理、道德标准，爱国、敬业、诚信、友善成为家庭成员的行为准则。新时代家庭教育的首要任务是做人教育，把培育孩子的道德人格放在第一位。新时代的家庭教育要培育孩子崇高的家国情怀，所谓的家国情怀就是一个人对于本国人民和国家的爱，将国家的富强和人民的幸福作为理想追求。新时代的家庭教育要培育孩子树立高尚的道德风范，把立德树人放在第一位，铸就光明伟岸的道德人格。立德教育主要是忠孝教育，在家能孝，于国则忠。要求子女尊敬长辈，尽反哺之情，报养育之恩；要求为官尽力，从政清廉。新时代的家庭教育要培育孩子树立博大的仁爱之心，树立勤勉的乐学思想，树立远大志向，勤奋读书学习，这是中华民族的精神追求，也是中国社会的优良传统。

2. 建设新时代的领导干部作风

建设新时代的领导干部作风应该落实全面从严治党。尽管家风是来自于家庭，以家庭为根基，但是对党员领导干部有着深刻的影响，尤其是影响着干部的价值取向和道德水准。良好的家风可以帮助领导干部树立正确的价值观，督促领导干部养成自身良好的道德品行，还会在廉洁从政上设置一道“防火墙”，不断形成一股具有强大的感染力的精神力量。每一名党员领导干部要想改进作风就应该从加强修养、涵养家风、廉洁从政入手。作为党员领导干部应该自觉廉洁齐家，自觉树立良好的家风。

（九）青少年德育价值观的培养是传统文化创新发展的有效保障

1. 坚持德育为先

立足于社会实际，对青少年坚持德育为先，因材施教，从感情入手再到以理服人，步步深入，从小道理讲起再到大道理，要使青少年将道德目标内化为自身发展所追求的目标，内化为自身的需求，与此同时，对青少年的人格进行塑造，应该用儒家的文化精髓——思想道德来塑造。

2. 改善教育环境

在大众传媒飞速发展的时代，借助于大众传播的速度快、容易接受的特点和优势对中华优秀传统文化中的公德、美德进行传播，为青少年营造一种处于美好生活中的氛围和环境，借此来提高青少年的道德水平，让青少年树立正确的道德观念，提高自身的选择和评价能力。

3. 注重社会实践

坚持生活化德育的实践方式，使德育回归生活。德育最终是要回归生活的，人的道德与人的生活是一体的，道德源于人类生活的需要。要实现德育以人为本，就不能脱离生活。生活化德育就是要让受教育者真正走进生活，主动接受生活中各种积极、健康的影响；实践有益的道德生活，在实践道德活动中养成良好的德行。有了良好的德育与价值观，优秀传统文化才能真正走进千家万户，在中华大地发扬光大，为中华民族的伟大复兴提供智力支撑和精神保障。

第五章　中华优秀传统文化的现代价值

文化本身是一个动态的概念，是一个历史的发展过程，因此，文化既具有地域特征和民族特征，又具有时代特征。中华文明进化形成反映民族特质和风貌的民族文化，形成中国传统文化。中国传统文化作为中国古代社会形成和发展起来的比较稳定的文化形态，在现代社会依然可发挥其重要作用。本章论述中华优秀传统文化的现代价值，分别介绍实现中华优秀传统文化现代价值的挑战和机遇、中华优秀传统文化现代价值与现代化建设的融合。

第一节　实现中华优秀传统文化现代价值的挑战和机遇

一、中国传统文化现代价值的内涵

经过多年深入研究，学术界对文化现代价值的内涵和文化现代化在社会发展中的作用和历史地位已经形成较为广泛的共识，而在中国传统文化的构成与特征，变革的方向与维度，后现代时代中国传统文化现代化的准确定位等方面仍处在争论之中，我们也就很难给中国传统文化的现代价值下一个完整的定义。

我们这里所讨论的中国传统文化的现代价值是基于中国传统文化的历史演变及其社会功能范畴的，其价值体现首先应该是世界文化的重要组成部分，其卓越特性顺应国际和时代潮流。这对于推进其他层面现代化、促进整个社会良性发展都有重要作用，它的促进功能，则表现为传统文化和现代化实践。

首先，中国传统文化的现代价值，主要表现在它的思想价值上。这些传统的优秀的思想和观念对当代社会仍有重要的启示意义。其次，在中国数千年实践创造中，中华民族形成很多优秀文化思想。诸如天下为公思想；爱国主义理念；忧国忧民的忧患意识；以天下为己任理念等。无论是毁家纾难的胸怀，还是敢为天下先的气节，都是中华民族思想宝库里孕育出的智慧结晶。中华民族优秀的传统思想是我们在从事现代化建设时，不断汲取精神营养的源泉。它是一种精神力量，能使人产生强大的凝聚力和向心力。最后，中国传统文化的现代价值还体现在动力价值上，作为儒家精神中最核心的内容，中国传统文化历来讲求自强不息。在自强不息思想精神的感召下，中华民族的社会理想蓬勃发展、最终实现。但是，并不是所有理想都会实现，如孙中山天下为公的理想尚未达成，孙中山先生的理想虽未实现，但在那个特殊的历史时期却鼓舞了全民族的奋进。中国伟大的民族奋斗历史，就是中华民族勇往直前、前赴后继谱写而成的。

在现代优越环境中成长起来的大学生，他们的人格应该具有怎样的内涵呢？正因天下为公是中华民族的远大理想，中国传统文化动力价值的表现就是中国人对自身修养的高要求。我们都知道，在中国传统文化中，知、仁、礼、温、良、恭、俭、让是人才必备的素质，在对人格的完善中，我们又学会富贵不淫，贫贱不移，威武不屈的精神。在中国的历史长河中，出现过一批又一批勤奋好学、清正廉洁、胸怀宽广的优秀学子。正是因为有他们对中华优秀传统文化的继承与颂扬，才让后人也受到中华优秀传统文化的惠及，现代社会人文品质的养成，正是倚重中华优秀传统文化。

另外，从哲学角度看，人类认识客观物质对象并运用这种方法去改造客体，即主观实践活动时都必须遵循一定的原则或规律，这就是辩证法原理。基于此，我们可以说，中国传统文化中还包含着方法论价值，在世界哲学体系里，首先被提出的是中国传统文化“天人合一”和“天人协调”等辩证思维，这种辩证思维认为自然界作为一个有机整体，是相互关联的，所以人和自然的关系是既相互关系，又对立统一的。在中国传统文化中，一直强调人与自然应和谐相处。人的一系列活动的目的，就是为了通过对自然的调节和改造更加适应人的生活与生产要求，人不能想着统治自然，而是在利用大自然的同时保护好自然环境。这些优秀的思想和观念对当代社会仍有重要的启示意义。它能够帮助我们确立科学发展观和环保意识，为处理好人与人、人与自然之间的关系打下基础。在此基础上，提出了以“天人合一”为基础，构建和谐社会的观点。“和而不同”“中庸思想”这些解决人际关系的理念，强调人与人的相处要求同存异、追求和谐，对于我们今天对待人和人之间、人和社会之间的关系，有方法论上的意义。

中国传统文化的价值，还体现在道德价值方面，道德作为人类精神生活最重要的部分，在整个人类历史发展中起着极其重要的作用。传统文化所追求的是道德价值的至高无上，为提升精神境界，自古以来，儒家一直把道德价值放到至高的位置。《论语》中有很多关于道德方面的论述，如“君子义以为上，好仁者无以尚之”。儒家思想认为道德价值比生命价值更重要，因此有“君子杀身成仁”的著名理念。另外，就道德内容而言，更倡导尊老爱幼，尊师重道，诚实守信的精神。重义轻利是道德价值的判断标准。中国古代传统文化倡导，人类精神追求应该凌驾于物质追求之上，物质生活在人类生活中占有根本地位，但是精神生活应该比物质生活更重要，精神贫乏可以造成心灵的摧残。制约人物欲的最佳途径就是精神追求。因此，“君子型”人才的功能是追求公正，抵制暴力，正直不阿。可以说中国传统文化中包含的内在价值，对于我们国家来说，在物质与精神方面都得到强化，更有利于加强民族的精神文明建设。同时，也要看到传统文化本身存在着一些缺陷，如保守性和狭隘性等，这些都不利于精神文明建设的发展。从整体上看，其现代价值就在于用现代的眼光审视传统文化，取其精华去其糟粕，合理运用有效的内容与手段推进现代化进程。

二、实现中华优秀传统文化现代价值的挑战

（一）网络文化对传统文化现代价值的挑战

当今时代，随着大数据和云计算的普及，网络文化迅速形成、涌现。传统文化和传统道德受到农耕时代与工业文明的哺育，在与网络文化的“应对”与“包容”方面衔接不畅，颠倒事物的“主次”，造成当今文化出现某种严重的消极状况。网络文化带给整个世界奇妙、丰富的体验和改变，同时在社会上形成一些阴暗面。不可否认，网络文化给当代人类社会生活带来巨大的影响，这种影响既包含积极影响，也包含一定程度上的消极影响。这些问题中表现最为明显的就是传统文化、传统道德中的精神财富在整个网络文化的推动下，并未得到很好的全面展现。同时，网络文化还表现出工具主义和操作主义特征，影响、扭曲传统文化和传统道德的原意，给青少年带来不利影响，造成人类文明的“失范”与“滑坡”。网络

文化在对我们生活产生巨大冲击的同时，也给社会造成一定程度的负面影响。如影视文化越来越“卡通化”；书籍报刊越来越“快餐化”。网络文化在一定程度上消解着传统文化的精髓，使我们的民族精神受到损害，同时还导致一些人思想行为的异化，引发许多新问题。就此而言，网络文化的挑战也是关系到人类生存质量及其发展趋向的世界性重大问题。它既给人类社会带来巨大而深刻的改变，同时，也可能会造成不可低估的损失与后果。网络文化出现一些问题，导致“智力圈”受损，“智力圈”受损的严重性超过生物圈受损。

1. 网络时代文化的困惑

人们生活在一个信息与知识爆炸的时代，而网络文化正是这种巨大冲击下出现的新现象。在中国和世界范围内，因特网发展速度之快令人咋舌。从最初的“上网冲浪”到现在的“上网聊天”，网民用各种“手段”来满足自己的精神需要。最近网上的“新面孔”——特殊话语方式日渐增多，潜移默化中成为部分人的口头禅，从而派生出独特的网络文化景观。

其次，就像“旧瓶里装着新酒”，很多网络“新奇语言”赋予了许多常用词语新含义。这些“新词”在一定程度上反映当前网民使用语言文字的基本状况和特点。每年中华人民共和国教育部国家语言资源监测与研究中心都会借助国家语言资源监测的语料库，对一年中的网络流行语进行信息技术处理与后期手工确认，最终筛选出十个最流行、适用范围最广的网络用语，即“年度中国媒体十大新词语”。电视台节目、主流报纸、各大电台、门户网站都是语料来源，这代表中国主流媒体的关注点。根据教育部、国家语委发布的《中国语言生活状况报告》（以下简称《状况报告》）来看，从2009—2017年年度媒体新词涉及政治、经济、文化、教育、科技等各个领域，表达事件的多，表达新概念的也多，其流行越来越和互联网相关，越来越和社交媒体相关。仅以2016年的情况来看，10个年度媒体新词中，“表情包”“洪荒之力”“网络大电影”“摩拜单车”“吃瓜群众”“闺蜜门”等和社会化媒体直接相关或者在社会化媒体中发酵传播的新词语进入现实生活。

因而，网络流行语的形式也是多样的。有单纯的由汉字组成的，这种情况比较普遍，如“我反正信了”“现在整个人都不好了”“也是醉了”；有英文字母与汉字的组合体，如“你 out 了”“打 call”等；有英文与汉语拼音的组合，如“no zuo,no die”；还有符号词、谐音词等。

互联网突破了传统语言的表达方式，在依赖键盘输入的情况下，键盘上快速击打形成的汉字、字母、数字、符号都被尽可能地利用，以求又快又生动地传递信息，逐渐形成了独特的网络语言，其中又以大量的非言语的字符符号为特征。

最传统的字符符号是抽象图形式的，依托视觉上的相似，往往只用简单的广义标点符号和字母模拟物态，类似于简笔画，表达的也是简单情感或情绪，慢慢发展出可以表达丰富语意和更多不同情境下的情绪状态的表情符号。

网络表情符号的出现，更直观地弥补非面对面交流无法阅读表情、肢体动作等副语言的缺憾，如果交际双方对网络表情符号对应的情绪、情感理解一致并且使用正确，那么表情符号就成了网络交际双方的“副语言”。我们在社会化媒体中实时对话或者延时对话，希望表达的实际是“会话含义”，而“会话含义”只有放在具体语言环境下才能被充分理解。表情符号主要的功能就是补充表达“会话含义”，给文字增加生动的图示，从而提高阅读的速度和质量。

互联网是一个公开、开放的平台，一定程度上消除了时间、地域的限制，各国各地的文化在网络平台上不断交融、碰撞。随着信息技术不断地被应用到人们生活的方方面面，“互联网时代”已悄然到来。网络给人类创造力的发挥提供一个极方便的平台。相对于“主流文化”，网络中的语言文化还表现出一种“叛逆精神”。在这些五花八门的新词语中，“缩写”的手法可谓独树一帜。能简就简的首字母使很多不常上网的人理解不了、捉摸不透。在一些人看来，网络中流行的语言就是传统语言文字所不能比拟的，他们甚至认为，网上的语言是传统文字不可替代的。不管这种理念是否正确，目前可以确认的是网络用语已经被一大部分网民接受，因此其发展趋势愈演愈烈。“新奇语言”在网上流行得如此之猛，实在令人惊讶。事实上，产生这些“新奇语言”，并不是毫无缘由，可以将其看作是因特网自身传播特征的附加属性。又体现现代人的文化水平与心理倾向。在互联网上，网民的生活方式愈加丰富多彩起来，他们不再受现实环境的约束，在网络世界放飞自我、自由输出观点、发表言论，他们在网络上表现出的活力和朝气是其在现实世界里的精神状态所无法比拟的。因此，理解和适应其特殊语言文化是适应网络发展的前提。

我们都知道，计算机语言是从西方传来的，工业革命后，涌现出“科学主义”“实用主义”等新的社会理念。因此，计算机语言受其影响，表现出工具主义、操作主义的特征。那些“网络新词”在一定程度上反映当前网民使用语言文字的基本状况和特点。西方文化心理对工程技术语言和日常生活语言的不同理解，比起东方文化心理来说，则少了许多。在科技发达的今天，人们对技术的崇拜是很自然的事情，这也是一种社会现象。我国的东方文明尽管有过把“格物致知”鄙薄为“器”的错误，但推崇的人文精神的文化传统，则是令人引以为豪。因此，在当今这个信息高速发展的大数据时代，科技是第一生产力已成为人们共识，而科学技术的核心又在于人文知识，这就决定技术和科学都必须以人文精神作基础。现代中国人依然重视并提倡科学主义和人文精神相结合，体现我国文化积淀的深厚。从这个意义上讲，“广义的网络文化”是一个具有深厚文化底蕴的概念，它以其独特而又丰富的内涵成为信息时代人类精神生活不可或缺的重要组成部分。由此可知，“狭义的网络文化”因未能很好地解决工程技术语言与日常生活语言的过渡问题，它不仅导致科学主义与人文主义在新时代难以融合，还导致对东方文化的宣传阻碍，造成新时期东西方文化“互渐”困境。

2. 网络文化与法律文化的相关问题突出

首先，我们要厘清一个概念，当前网络与法律文化的有关问题不是纯粹的网络自身原因，还包括网络与社会之间的相互作用。就现代的网络文化而言，其中不乏一些带有明显西方文化特征的词汇和表达方式。以往有些问题虽然存在但是并没有凸显，然而伴随着网络的日益发达却逐渐凸显。网络与法律关系的研究已成为法学理论界关注的一个焦点，也是实践中迫切需要解决的一个问题。所以在此探讨的便不只是为网络立法，而是怎样对现行法律法规进行改进与完善。

目前主要有两方面的问题：其一，网络空间零管理；其二，网络空间受到现行法律的覆盖。目前的网络法律还不够完善。基于人民群众精神文明建设，我国推行一系列网络内部普遍适用的法律法规，立志网络非法外之地。

我们各方面都受到新型生产力——网络的巨大冲击。网络文化的力量主要是通过改变人们的传统思维方式来实现的。正是因为有了这种生产力，我们思考很多的政策和制度时都会发生一连串的改变。以政府的作用为例，政府在处理日常事务的过程中会遇到一些问题。如用户与企业之间关系不稳定，产生冲突等。这时政府就需要通过管理来解决这些问题。政府首先要保护国家利益，这是政府义不容辞的责任，其次才履行其管理者使命。最后同时作为用户与管理者，政府怎样相互转化和相互协调是一个很重要的问题。

在当今文化背景下形成的技术和科学语言，具有很强的工具性和实用性，其使用范围十分广泛但并不是所有人都能理解和接受。如今，网络媒体概念混乱，其中所涉及的内容也是多种多样的。如网络空间与传播、网络媒体与信息服务等，这些概念都不在一个层次上，不能使用同一条法规进行治理。

3. 网络文化引发人类精神文化生活的嬗变

首先，以网络经济和知识经济为基础性因素，转变社会生产方式与生活方式，它不可避免地改变着人类生活的全貌，在人类精神文化生活与价值理念方面，造成深层次的嬗变。我们现在正处于一个互联网时代，各种信息层出不穷，网络也已经成为人们生活中不可或缺的一部分。关键问题在于，这一深层嬗变，对于人类来说，是一种积极向上、富有建设性的改变，还是不健康、消极堕落的，具有破坏性的改变呢？在这一研究过程中，网络文化以其特有的魅力吸引大量网民参与其中，并由此产生许多负面作用，也带来一些消极影响。

在网络时代，“狭义的网络文化”无时无刻不在冲击和损害着人类的传统文化。但这种冲击与损害终究是技术性和浅层次的，其深层原因在于知识经济中和数字化生存的“元”时代特征，导致与全球化挂钩的“文化趋同”现象。这种“文化趋同”泯灭了文化多样性。所以，事实上出现严重反文化的后果。对于人的“智力圈”而言，深层解构文化遗产。

在经济一体化和信息网络化条件下，“文化趋同”具有明显的全球性特征。作为一个高度商业化的时代，网络文化遇到的难点很多，如保持深刻且浪漫，雅俗共赏，幽默风趣，内容轻松愉快。另一方面，网络文化又以其自身所具有的巨大包容性和开放性，对人类精神领域产生着深刻的影响。高知人员就算没有惊异于“科技洋泾浜语言”，也难以在市场经济大潮中保持坚定信念。市场经济大潮让很多思想家和文化人在思想观念上发生了质的改变，他们变得心浮气躁，随波逐流。总的来说，网络文化的出现，就像一场革命，它把整个人类带入一个全新的信息时代。以“快餐文化”的发达来看，它与社会商业的发达成正比。因此，网络经济的发展也影响着构建优秀网络文化。另外，网络文化与现实文化相比，它也表现出一种“非功利”和“非理性”的倾向，因而具有强烈的反思性和批判性。这不仅为现代文化创新作品增添崇高感，还增添一些悲壮的气氛。

4. 网络文化有“泛娱乐化”的趋势

根据调查研究，近几年网络文化的发展呈现出“泛娱乐化”的趋势。它的主要表现形式是一些低俗娱乐新闻的涌现和网络恶搞成风现象。在这样的背景下，“大众文化”成为一种流行的时尚，而网络文化就是这种流行文化的重要组成部分之一。产生上述现象有很多原因：第一，社会转型期各种思潮相互激荡，网络文化乘虚而入，呈现出一定的缺陷；第二，网络本身所具有的特性。在虚拟世界中，网络给人提供一个消遣娱乐的舞台，人们在网络文化中的创造不再受到约束。游戏成了某些人在网络上追逐的目标；第三，互联网本身又具有一定程度的虚拟性和开放性，使得某些人随意传播谣言、无中生有，扰乱社会治安。从而导致某些不良文化信息泛滥，对社会产生负面影响。这样难免造成低俗文化泥沙俱下、浑水摸鱼，在线强化了网络娱乐化功能，削弱了网络文化的教育、引导功能。另外，互联网技术本身也存在着缺陷；第四，网民文化水平和文化素质不一，同时也导致网络文化的游戏化和低俗化；第五，网络环境缺乏有效的监管和控制，网络文化出现无序性、混乱性等问题。社会各方面共同协作才能把网络文化引向正面，这是一项长期工程。

（二）科技创新对传统文化现代价值的挑战

在全体科研人员多年的共同努力下，我国科技事业取得长足进步。科技创新能力持续增强，同发达国家相比，差距正在快速缩短。科技支撑经济社会发展能力得到极大提升，一个与社会主义市场经济相适应的国家创新体系已经形成，我国科技创新事业正在经历着有史以来的最好时期。这是党和国家高度重视科学技术进步和自主创新、全面推进经济建设和社会发展取得的巨大成就之一。但毋庸置疑，在科技创新道路上，我国仍遇到许多阻力。

1.文化创新不足造成“民族精神”的边缘化

从文化角度看，民族精神与意识对技术创新有着重要影响。市场经济的价值，归根到底应反映到社会消费层面，要想战胜“无民族灵魂的消费倾向”，唯有实现民族精神理性化复归。重视创新技术，增强国家的综合国力。自主创新是一个系统工程，涉及经济、政治、文化等多方面因素。为了避免中华民族精神和意识被西方主流文化影响、扭曲，相关部门应为自主创新技术提供制度化保障和示范应用空间，拓宽自主技术高速发展的道路。

我国的科技创新尚未形成完整的循环生态链，依旧需要遵循“技术创新—产品化实践—市场应用—经验积累—技术成熟—更高层次再创新”的创新规律，为了生存与发展，必须形成良性循环。我们需要明晰自身的发展现状，我国还处在工业化中期，是一个科技的“后进国家”。相对于西方发达国家，我国在很多技术研究方面起步较晚。对于企业来说，要想实现快速成长并保持长久竞争力，其首要途径就是尽快将新研发出的技术创新成果转化为具有实际应用价值的商品，这便需要建立一个完善的产业生态系统。当今时代，全球化趋势愈演愈烈，后续或者跟踪式开发，很难跨越“先行者”控制下的专利技术门槛，也很难突破已经成型的现有市场格局，想要走出一条跨越式发展之路，就避免不了创新技术由“幼稚形态”向商品化技术转变，在这个过程中必须经历成熟度培育环节。由于不同阶段技术创新与市场结构之间存在着相互制约、相互促进、共同演进的关系，使得创新生态系统内部各要素间既相互影响又相互依赖。所以，要创新生态链的构建，必须设立环节来克服“成熟度壁垒”，以免陷入创新乏力的恶性循环困境。

2.科技创新系统的整合效率低

只有当各种资源达到最佳匹配时，技术的进步才会产生最佳效益。这是党和国家高度重视科学技术进步和自主创新、全面推进经济建设和社会发展取得的巨大成就之一。从宏观方面来说，如果把社会比作一个大系统，其子系统包括大学、企业等。各个子系统也有各自的子系统，如高校要实现自身的良性运作，必须依靠各个独立而又相互联系的子系统进行合作与协调。当然各子系统都是独立成长和壮大的，对社会进步来说，每个子系统的发展与壮大都是有促进作用的，但是若子系统和子系统之间没有加强横向交流和融合，未起到“社会化的大生产”作用，我国科技创新能力将受阻。目前我国高校科研力量分散在各个学科领域，有很多研究机构是由科研院所转制而来。社会作为一个整体，在发展过程中，各方面需要相互协调配合，才能促进整个国家或地区经济的发展。然而，与其他子系统相关的呼应系统尚未形成，在企业和学校之间更是如此，企业内部与企业和企业之间，对技术的整合能力仍显欠缺。所以，我国高校应努力为国家培养更多优秀科技人才，让他们成为推动科技进步的中坚力量。

要想实现快速成长并保持长久竞争力，其首要途径就是尽快将新研发出的技术创新成果转化为具有实际应用价值的商品，这便需要建立一个完善的产业生态系统。这一思维方式，从历史上看，中国古代文明未能从自己的根基上生长出依靠科学技术而发展出现代文明。

3. 企业没有成为创新主体

社会科技进步最根本的落脚点，是企业创新动力与创新能力。创新是国家经济竞争力中不可忽视的一个要素。缺乏创新这就容易造成对社会进步和人类未来命运缺乏科学预见与把握。我国的部分企业都普遍存在着自主创新能力弱、缺乏有效的创新需求等问题。

（三）文化产业对传统文化现代价值的挑战

作为文化资源大国，我国的文化事业和产业近几年在党和政府的正确引导之下都得到迅猛发展。在国际金融危机冲击下，我国许多中小企业纷纷陷入困境，而其中一个主要原因就是缺乏持续稳定的研发投入与成果转化能力。因此，当前文化产业的发展受到一定程度的阻碍。从整体上看，我国在文化资源、文化市场等方面存在优势，但是文化产品竞争力也还没有得到完全发挥。在国际、国内文化市场中，文化产品与文化服务占的比重还有一定的上升空间。因此，要加快文化产业的发展步伐，必须解决好以下几个问题。

第一，加强文化创新能力。

这个问题是限制我国传统文化发展的主要原因之一。由内而外构成了影响我国国家文化安全的重要原因。所以，如何应对西方文化的渗透与扩张已经成为我国必须面对的严峻现实问题。在我国对外文化交流中，国际版权贸易问题，是造成上文所述巨额贸易逆差的原因之一，正是这几年我们的确很少有堪称“创新”、为世人瞩目的艺术作品与理论成果。其中最为明显的对比就是对于冷战后世界格局所发生的变化，西方国家诞生了亨廷顿“文明的碰撞”理论，但是我国文化界原创能力的发展在很大程度上受到这些西方理论的制约。这种情况不得不说是一种悲哀。例如，20 世纪 80 年代以来的文艺新潮中被称作创新的一部分，几乎都是袭用西方现代主义和后现代主义的各种表现形式和技巧。包括意识流、朦胧诗、泛性论呈现以及叙述主体干预。在这个意义上讲，我们的文艺创作，基本上都还处于模仿与借鉴阶段。以文艺批评为例，从存在主义到接受美学，再到后结构主义和女权主义、后殖民主义，直到此处所谓的全球化为止，都是西方创造定义的用词和说法。中国最优秀的批评家在这方面，也不过是对西方话语的重述。这种情况，使得我们在文化创新时，往往会陷入被动局面。从文化创新之源转移能力，原本的文化创造，转变为西方文化话语系统与价值观念的积极再现与传播。造成中国文化界、理论思想界的僵化。文化僵化的新形态，导致当代中国文化的原创能力在深层次上被削弱。这种状况是与全球化进程中文化多元化、市场化和信息化等趋势相联系的，同时又表现为文化生产过程的非主体性特征和文化消费活动的无主体化倾向。这一现实存在对文化造成了威胁，普遍存在于观念形态至产业形态等文化层面。

第二，在认识上存在片面性。

在我国，把文化当作“产业”来看待的认识还没有得到推广。作为制造业大国，我们向国外出口的不是电视节目与思想观念，而是单纯制造售卖电视机。对文化产业与文化贸易领域的监管力度不足，亟需相关的法律与政策保障。随着改革开放的不断深入，社会主义市场经济不断发展，人民生活水平显著提高，国民对文化需求越来越高，文化产业已成为国民经济新的增长点。主要表现在以下几个方面。

首先，中国人民在思想上，尚未将文化影响力置于提升国家形象、加强国家软实力这一高度。在观念上，很多国人对文化缺乏深刻的认识，有些人也只是将文化看作经济的一种附属品，尚未认识到，文化影响力同样可以与中国的国际“声誉资本”直接挂钩。这主要是对我国传统文化的理解存在误区。国际交往中的很多误会就是因为我国的文化软实力没有跟上，中国价值观在世界范围内无法受到广泛认同和理解。我们需要注意，文化“声誉资本”不足，将影响到我国的经济发展。

其次，发展文化产业的前提，是繁荣文化。比如，表演音像等文化产业需要高水准文学艺术的支撑，这里说的文学艺术包括音乐，戏剧，电影，小说，诗歌等等。原创性的文学艺术越繁荣，文化产业的出口与发展越昌盛。从这个意义上来说，文化产业的发展必须与经济的发展相适应，不能脱离经济基础而存在。一定的经济环境与经济条件是必要条件，文化产业的发展需要一定基数具有购买力的文化消费者，不然也只会成为空谈。当然，在这一过程中还会受到政治、历史、地理等方面因素的影响。所以说文化产业不仅取决于文化发展水平，还要看经济发展水平，经济不发达，文化也不会发达。要在文化产业上获得长足发展，就要求我们在发展文化产业时，不能脱离特定的社会经济背景，想要大力发展中国文化产业，一定要基于中国特色社会主义初级阶段的国情。否则，不仅无法实现其自身的价值，而且还会对其他产业产生不利影响。

另外，诚信是文化产业发展的基石。如何应对西方文化的渗透与扩张已经成为我国必须面对的严峻现实问题。近年来文化产业内部因缺失商业诚信引发了市场秩序混乱，比如盗版乱象、拖欠款严重等，国民自主知识产权得不到保护，造成其创造积极性降低等不良后果。在这种情况下，一些企业开始把目光转向法律层面去寻找对策，希望通过法律手段解决文化产业中的问题，以保护自己的利益。即便政府有关部门不断地推行措施来治理乱象，可事实上效果并不明显，甚至文化产业乱象还有越演越烈的趋势。这一情况如果不能得到及时的治理，文化产业发展将遭遇严重挫折。

目前，与发达国家相比，我们发展文化产业必须扬长避短，发挥我国历史悠久、文化内容优秀、多样和底蕴深厚等优势，充分释放所隐含的巨大经济潜力，这是发展我国特色文化产业十分重要的方面。

第三，文化产业结构不合理。

改革开放以来，中国的文化产业伴随着市场化的进程有了长足的发展。这种深刻的结构变革导致了两个结果：一方面，一种以大众文化为中心的文化生产和消费机制已经形成，“大众”的文化消费取向在一定程度上支配了文化的趋势。

20世纪90年代初出现了剧烈的雅俗分立的现象，引起了广泛的关注和争议。而诸如流行音乐、电影“贺岁片”、时尚性杂志等流行文化形态已经彰显了市场的活力，大众文化的崛起已经成为事实。另一方面，随着市场化带来的社会分层，文化方面的分层也已经出现，各个不同阶层和利益主体的文化趣味也开始在文化中发挥影响和作用。这主要表现在以下几个方面：

文化产业发展的城乡差别明显。与经济发展相适应，文化产业的发展在城镇与乡村存在着极大的差别，居民用于文化方面的消费结构产量失调。如城乡间特别是不同阶层居民间收入差距过大，大量中低收入阶层在扣除衣食住行、医疗、养老和教育准备后，可用于文化消费的收入其实很少，消费能力严重不足。

基于城镇与乡村在生活环境及消费需求方面的差异，政府在构建产业政策方面必然表现为优先发展城镇文化产业，激活城镇文化消费，其次才是考虑农村文化产业的规划。经过近十年来的激烈竞争，文化产业在城镇确实取得了突飞猛进的发展，农村文化产业的发展则相对较为薄弱，但随着生活条件的逐步改善，农村文化产业的发展相对于城镇文化产业而言，具有更大的潜力，对于就近解决农村劳动人口就业，促进农村城镇化进程具有极为重要的意义。

文化产业发展的区域性差别显著。区域和地方之间的文化差距有进一步加大的趋向。在中西部省份和沿海省份之间，在城市与农村之间，文化发展的不平衡依然很严重。文化产业的发展不仅表现为城乡之间的差异，在地区之间的差别也极为明显。从总体来讲，东部地区的文化产业发展态势明显好于中、西部地区。以2015年东部地区为例，按当年可比价格计算，京、津、沪、江、浙、闽、辽、冀、鲁等12个省、市的国内生产总值即为48114.5亿元，约占全国国内生产总值的60.6%。全国第一产业创造国内生产总值26104.3亿元，东部地区约为18091.5亿元，占69.3%，其中教育、文化艺术和广播影视业创造的国内生产总值为1071.1亿元。而中、西部地区，无论是第三产业创造的国内生产总值，还是文化娱乐创造的国内生产总值，均远远低于东部地区，形成了东部地区与中、西部地区在文化产业发展整体上的层次、局面上的不平衡性。

文化产业的投资结构严重不合理，民营资本应当成为文化产业发展的强劲动力。文化产业的投资结构不合理，主要表现为国家投资的比重过大，利用外资和社会资本的比重则相对过小。文化产业仍然被作为社会福利事业，主要由国家予以扶持和支撑。但是，实践证明，单凭政府的力量无法解决长期困扰中国文化产业发展所需的资金和技术、人力、管理不足的问题，因此，要真正在推进现代化进程中做到中国文化生存和创新发展的长治久安，就必须借助民营的力量，制定和实施文化产业民营化的发展战略。通过“藏宝于民”的文化策略，通过完善以文化投资立体多元化为核心的文化产业政策体系，以及相应的文化投资体制改革，来促进现代文化产业的创新发展。

文化产业内各部门的发展参差不齐。其中文化娱乐业的比重远大于其他文化产业部门。但是，对文化娱乐业近年来的有关数据进行分析，全国文化娱乐除少数行业外，一直处于整体上的滑坡状态，而且颓势明显。想要将文化产业发展成为真正的“朝阳产业”，一方面必须继续保持文化娱乐业的整体优势，扭转颓势，推动文化娱乐业快速发展；另一方面，必须实行优化组合，改变其他产业单位经营主体势单力薄的不利局面，将相对具有优势的主体联合起来，组建新的文化产业集团，形成新的优势主体，从而推动文化产业的整体发展。这应当成为文化产业发展创新的一个紧迫而艰巨的任务。

文化产业管理措施不当。文化产业内部现行的各种管理措施源自计划经济时代，尽管十多年来不断修改，但仍带有浓厚的计划经济、不遵循市场经济规律的色彩，制约了文化产业的发展，应当进行全面的梳理和修订。相应的，与文化产业紧密相关的财政、税收、贸易等方面的政策法规所存在的一些不匹配的问题，也应尽快重新审视解决。在解决的过程中，政府要避免采取简单化、搞运动式的指挥方式。由领导意志造成的盲目跟风、完成任务式的折腾，容易将脆弱的文化产业置于死地。政府应当鼓励和指导企业按照市场运行规律，根据自身具体状况，因地因时制宜，自行探索其发展途径。

另外，在文化产业管理中，令出多门，各自为政，使得文化单位无所适从。目前，直接或间接管理文化产业运行的有新闻出版总署、文化和旅游部、国家新闻出版广电总局、信息产业部以及税务、工商、财政、金融、商务、海关、公安、劳动人事等政府部门，乃至自然资源部、外交部、中共中央有关部委和军队等系统，有的管政治把关，有的管人事审批，有的管生产环节，有的管销售环节，制订的管理措施有的是按对待意识形态属性的事业单位制订的，有的则是按对待工商企业制订的。建议在尽快梳理现行有关政策法规的基础上，采取先剥离后统筹的办法，即先将有些管理部门的相关职能剥离出来，再统筹安排在比较集中、更适合对文化产业运行、进行全程监控管理的部门，从而减少重叠和结合部的空隙。

文化创意产业不足。不少地方将文化创意产业列为未来经济增长的重要支柱，一些地方一哄而上搞了“动漫园区”“数码园区”“游戏园区”。随着开张热潮的消退，一些问题也渐渐暴露。有些园区的产出效益很低，研发活力不强，面临骑虎难下的尴尬境地。创意产业是具有原创性、具备明显知识经济特征和高度文化含量的一种产业，它以创意为核心，在注重其社会效益的同时将原创性的文化创意规模化、产业化，使之产生经济效益。如果仅有创意而无生意，没有把创意产业化，产生不了经济效益，那么就无法称之为产业。目前，我国文化方面的贸易逆差形势非常严重。

我国文化产业对外交流存在“赤字”。2014 年，从美国引进图书版权 4068 种，输出 14 种；从英国引进 2030 种，输出 16 种；从日本引进 694 种，输出 22 种；2015 年，对美版权贸易是 4000：24。如此巨大的“文化赤字”表明，虽然中国有许多工农业产品已经走向世界，但中国文化却未能有效地同步传播。

进入 21 世纪以来，中国成为世界经济体系的一个日益重要的组成部分，中国以吸收外国投资累积 4500 多亿美元，而成为全球吸引外资最多的国家之一。继 2002 年成为世界贸易五强之后，2003 年又以 8500 亿美元的外贸总额成为世界贸易三强之一。然而，中国在文化产品和文化服务的对外贸易方面，远远落后于国家对外贸易的总体增幅，并且存在巨大的逆差。这些巨大的文化贸易逆差，将使我国加入 WTO 之后在文化产业的市场准入方面承担巨大的压力。因此，现在要从我国文化行业亟须解决的问题入手，调整我国不尽合理的产业结构，必须从文化产业入手，这不仅是文化本身的部门行为，而且是关系到国策，关系到我国综合国力的重大课题，是社会主义市场经济、文化、社会共同面对的亟须解决的现实问题，也是能否有效地参与国际文化市场竞争，反击西方文化产业大国的“文化帝国主义”和“文化霸权主义”入侵的大问题。作为 21 世纪朝阳产业和主导产业的文化产业，无论是艺术业、出版业、影视业、群众文化业、旅游业、广告装饰业、文化娱乐业，还是文化艺术经纪与代理业和诸多文化艺术服务业，无不面临着市场经济大潮的猛烈冲击。经营作为一种观念和方法，是为实现文化组织目标，以文化市场需求为对象，对文化组织内部各种重要的文化经济活动和外部环境寻求动态均衡进行运筹、谋划的综合性职能科学。

与此同时，要大力挖掘中国文化产业的潜值。现在，国际经济界已将文化产业界定为具有极大发展潜力的“朝阳产业”，因此，作为国民经济的一个重要增长点，文化产业需要政府给予一定的重视。在这种情况下，一些不法商人可能会趁机牟利，导致文化产品市场出现“鱼龙混杂”的现象，给国家经济建设带来很大损失。然而，目前阶段，我国文化市场的经营未形成集约化和规模化，市场化发展程度不足，产业化水平不高，这些现实导致人们的消费需求得不到满足。这就要求我们在未来的文化发展战略中，必须以科学发展观为指导，坚持走可持续发展道路，不断提高文化资源的整合能力和利用程度，加快形成具有竞争力的产业体系。我国文化供应链与产业链的完善度不高，与汹涌澎湃的文化需求大潮形成鲜明对照，我国文化产业有效供应力与现实的文化消费吸纳力存在严重缺失，虽然我国历史源远流长，民族文化底蕴深厚，具有很多充满震撼力的当代文明建设成就，但是目前，还缺乏与强势文化传播相适应的良好载体，也缺乏代表国家文化形象的文化产业国际品牌阵容。所以党的十六届五中全会提出，要大力发展文化产业，反映出了发展文化产业的国家意志。

目前，我国的文化市场，主要包括娱乐、音像、书报业、演出、文物、影视、美术、艺术培训、中外文化交流等。市场表现为高速成长的良性态势和一定程度上的混乱现象并存，要从根本上促进文化市场的有序繁荣和健康发展，关键要实行法治，这不仅是市场改革和发展的要求，也是文化市场自身建设的必然趋势和内在规律。同时，还应大力培育市场、引导市场，大力促进文化市场的社会化、产业化建设。当今中国社会，经济得到高速增长。在此背景下，我国文化事业也得到迅猛发展，人民群众的精神生活日益丰富。文化产业作为国民经济新增长点，是国家实施“十二五”规划的一项重大战略任务，也是当前和今后一段时期内扩大内需的途径之一。只要按照科学的规律做事，市场取向文化体制改革有序开展，中国文化产业创新发展将进一步提高。

需要指出的是，文化产业不是孤立的，它是全球经济文化的博弈。在全球经济文化的博弈中要实现跨越发展，中国就既要走出工业化的道路，走出新工业化的道路，又要走出信息化和文化产业的道路，所以，这个对称结构在全球博弈中涉及的中国的全球化开局和国家创新体系主要有五个，第一是科学发展观；第二是和谐社会观；第三是自主创新观；第四是全球战略观；第五是文化主权观。科学发展观是国有创新之核的基础，和谐社会观是国家创新之核的方向，自主创新观是大国博弈之核的规则，文化主权观是国家创新之核的根本，它包括科学基础、和谐机制、创新之本、全球之规，也包括从科学、技术、社会、信息到文化、政治、艺术，从资源、产业到资本、市场的国家知识产权与文化主权、商业领土主权与文化领土主权的创新体系与主权体系。

总之，文化是国脉所系。文化集中反映一国一民族所有的智慧和文明，维系着一个国家、一个民族的精神纽带。在此背景下，我国文化事业也得到迅猛发展，人民群众的精神生活日益丰富。文化兴，则国家兴；文化衰，则国家衰。兴衰之间，全在创新与否。文化衰微，民族衰微。只有不断创新才能实现社会和谐发展。盛衰间，全靠革新。文化作为一种社会意识形态，其生存和发展也必须依赖于创新。作为文化发展之魂，创新能力是直接影响中华民族文化成败的关键性课题，所以，国家文化创新能力系统应整体推进。建设全民族国家文化工程，其核心是注重个体的文化创新能力，旨在提升群体文化创新能力，重点是建立健全国家整体创新能力体系。从这个意义上说，文化创新能力的提升就是整个国家文化竞争力水平的提升。这就要求我们必须从根本上充分实现文化创新能力提升；鼓励文化领域大胆科学探索，尊重所有的原创成果；健全完善知识产权的相关法律法规，广开思路，保障公民精神文化原创的正当权利，增加国家文化创新能力系统建设政策投入；要实现国家文化创新能力系统建设，主要是由政府主导，针对全球文化竞争，制定文化政策与产业政策，尤其在意识形态管理部门与文化学术界的关系上，重视公共部门与文化人、学者个体间的合作，为共同促进国家文化创新能力系统建设提供必要的思路、观念与创新理论。

总之，国家文化创新能力的提升，需要从宏观层面上加强顶层设计，形成一个完整的文化创新系统，并使之具有良好的运行机制。在此过程中，政府不仅是国家文化政策的制定者，也是国家发展战略的提出者，更是构建国家文化创新能力系统的组织者与合作者。国家文化创新能力系统是一个由多种子系统组成的复杂整体，包括知识生产、技术创新和产业开发三个方面，其中知识生产是基础环节，而技术创新则是核心环节，产业开发则为其提供广阔的空间。当然，构建国家文化创新能力系统既要注重文化成果原创性，又要注重文化原创成果的宣传和覆盖。加大其产业化程度。要使我国文化产品和服务能够真正成为人民群众普遍接受的精神食粮，必须把提升民族创新能力作为一项长期而艰巨的任务来抓，并采取有力举措予以保障。

三、实现中华优秀传统文化现代价值的机遇

（一）传统文化自身对现代价值实现的优势

（1）刚健有为、自强不息的进取精神为现代化建设注入强大的精神动力

自强不息意味着不畏艰险，积极向上，永不停止。中国自古就有着自强不息的进取精神，这一精神也贯穿于中华民族历史发展的全过程。早在《易经》中就有了“无平不陂，无往不复”的矛盾转化观。[①] 到了近代，严复更直截了当地提出了“与天争胜”的思想。从汉代到清代，从中国古代神话中的精卫填海、愚公移山到中国历史变革中的汤武革命、农民起义等，历时两千多年的自强不息的进取精神已经深入人心。从一定程度上说，自强不息的进取精神一直是中华民族忍辱负重、不断前进的精神动力；是维系整个中华民族勇往直前的力量源泉；是中华民族极为珍贵的精神食粮；反映出中华民族的朝气蓬勃、奋发有为、坚韧进取和旺盛的生命力，显示出中华民族不屈不挠的冒险精神。

刚健有为、自强不息的进取精神对现代化建设具有重要的意义。现代化进程是一个充满挑战的漫长的过程，在这个过程中，困难在所难免，坎坷更是无处不在，中华民族要想完成现代化的宏图大业，需要比其他国家付出更多的努力。从内部来分析，作为一个后现代化国家，我国经济基础相对薄弱，科技水平相对较低下，使得我们的现代化进程面临着重重阻碍；从外部来考量，现代化进程是一

① 杨伯峻．孟子译注 [M]．长沙：岳麓书社，2021．

种竞争的游戏，谁占得先机，谁就取得莫大的优势，早先加入这一进程的西方国家占据新科技革命、信息产业、跨国经济、知识经济的市场优势，并垄断技术与市场，而我国由于现代化起步相对较晚，市场占有率低，必然要遭受重重磨难与打击，现代化进程的艰辛不言而喻。任重道远，要想实现现代化，我们需要精神与意志的强有力的支持。而刚健有为、自强不息的进取精神正好是我们现代化建设的宝贵精神资源，它会为我们艰难的现代化建设提供强有力的精神支撑。

（2）厚德载物、兼收并蓄的兼容精神为现代化建设提供开放意识、包容意识

“厚德载物”与“兼收并蓄”是典型的兼容精神，这一精神在我国自古有之，盛传已久。“地势坤，君子以厚德载物。”意思是君子不因事物的优劣等次，不因他人的尊卑聪愚，都应该效仿大地的胸怀，以深厚之德来对物待人。而“兼收并蓄”的精神是兼容精神的另一主要方面。“厚德载物”与“兼收并蓄”集中表述兼容并包的精神，这种精神要求胸襟广阔，宽容大度，合理地对待人与自然之间、人与人之间、民族之间、国家之间的关系。“厚德载物”与“兼收并蓄”的精神在现代化进程中的很多方面都有积极的影响。作为一个巨大的复杂系统，现代化进程涉及面极广。不仅受其内部原有制度、观念、文化上的影响，也必然会受外来因素的影响。面对这样一个复杂多变的社会环境，国际与国内各种思想文化相互激荡的局面，任何一个国家和民族都不能独善其身，必须通过加强国际交流合作、吸收国外先进文明成果来促进本国现代化建设的健康持续地向前推进。特别在世界一体化的今天，面对经济全球化的大势所趋，现代化建设已经不是某个国家或地区自己的事情了，而是成为全世界的发展目标和共同理想，成为当今世界发展的一大潮流。我们更有必要积极汇入现代化大潮，带着开放意识，学习他国在现代化进程中的可贵经验。本着厚德载物，兼容并包的理念，规范各方面关系和行为。就人际间关系而言，这种“上善若水”的包容精神可以指引人们和谐相处，培养诚信友爱、互帮互助的交流氛围。在人与自然关系上，厚德则能促进生态文明的形成与进步，让自然为人类造福，只有将二者有机融合才能实现人类社会可持续发展。就民族关系与国际关系而言，我们的现代化进程更需要“上善若水”“厚德载物”，这是一种豁达的包容意识，国与国之间合谋发展、互利共赢。从文化上看，我们应该对国内与国际上的种种观念采取宽容的心态，达到“文化

百家”的境界。以厚德载物、兼容并包的精神和意识逐层地理解、选择和扬弃自身的传统因素和外来的经验教训，这是中国现代化发展的一个关键所在。

(3)“天人合一”的思想能够为构建现代生态文明提供经验启示

作为中国传统哲学的核心思想之一——“天人合一”要求人的活动必须顺应天道，顺应自然，按照自然规律想问题、办事情，不能违背自然规律而独断独行。但这绝不意味着人在自然界面前是无能为力、毫无办法的，恰恰相反，“天人合一”的思想强调在遵守自然界客观规律的基础上，人们必须发挥人的主观能动性，通过自身的实践活动来认识自然、利用自然、从而改造自然，力求达到人与自然和谐共生、和谐发展的状态。

“天人合一”思想能够为构建现代生态文明提供经验启示。当今时代，人们不断向大自然索取越来越多的物质资源，随之便带来不合理的、过度的开发，导致对自然生态的严重破坏，陷入生态失衡的危机。面对严酷的现实，重新审视人与自然的关系时，古人朴素的天人观，确有可资借鉴之处。走可持续发展道路，通过退耕还林还草，污水处理，净化环境，以达到“天人合一”，或许能成为解决当前人类面临的环境危机的正确途径。

(4)“和而不同”“执两用中”的中庸之道为现代化建设提供辩证思维方式

作为儒家思想中的两个重要观点，“和而不同”和“执两用中”的中庸思想是社会事物和社会关系发展过程中的一条重要规律。也是人类社会发展真正意义所在。它不仅在先秦儒家那里得到充分的体现，而且对我国古代哲学、政治制度乃至整个封建社会产生过巨大而深远的影响。中庸思想起源于西周末年“和同之辩”时期，是孔子首先提出来的。它强调处理问题时要做到“执两用中”，即先有对立后有统一、先分后合再分合，从而使事物保持着一种和谐的状态。所谓“执两”，也就是需要我们看待一切事物时，把握好矛盾双方，认识到矛盾是客观存在的。“不同”即要求人们不能因噎废食地接受客观现实，而应坚持辩证否定思维，从实际出发去认识、处理问题。所谓“用中”，就是要人在解决矛盾的同时，不激化矛盾，必须以正义的姿态来调和冲突，而不是企图彻底消除冲突的双方。

在今天，中国传统“和而不同”“执两用中”等优秀的传统思想，仍然有现实意义。它所隐含的辩证因素，对于现代化建设具有重要参考意义。国家现代化进程受传统因素、地域因素和意识形态不同的影响，有明显差异性，我们怎样认识并对待这些差异会直接关系到现代化的发展速度。在此背景下，我们必须承认世界范围内普遍存在着一些特殊性，但也不能否认某些国家的历史文化积淀与国情条件之间存在着很大的相似性。而要在这些不同中吸取对自己发展有益的成分，就必须具有辩证精神。因此，研究中国传统中庸观念很有必要。中庸思想教会我们秉承着“和而不同”的理念，在看待、处理事物方面做到“求同存异”。在保持自身特色的基础上学习借鉴他人的优秀经验。同时还要善于吸收西方优秀文明成果来丰富和完善自己的文化体系。与此同时现代化进程必然会带来社会的变化。一旦存在着变化便不可避免地引发社会利益上的矛盾，因此，社会矛盾随之突显。这就要求政府必须及时调整自己的政策和行为，以保证经济与政治的协调稳定。要想现代化进程得以顺利发展，必须协调社会矛盾，切实平衡社会各方面的利益关系。只有实现各主体之间的平衡，才能促进整个社会和谐有序发展。所以在解决上述利益冲突时，我们要充分理解“执两用中”的含义，秉承着中庸理念去平衡各方的冲突，营造有利于现代化进程的良好环境。另外，对“和”与“执”进行哲学反思，从二者所包含的基本范畴出发分析两者关系。

（5）以人为本、兼爱互利等人文主义精神对于应对现代化过程中各种利益矛盾和会产生重要内在约束力

自古以来，就存在以人为本、兼爱互利的人文主义观念。在漫长的社会发展进程中，以人为本、兼爱互利这一人文主义精神并没有被时代的潮水淹没，反而至今仍在发挥着举足轻重的作用。我们必须以科学发展观为指导，坚持走全面协调可持续发展道路。在现代化建设的今天，它不仅有力地推动生产力的发展，还应在适当的时候，对那些与生产力发展状况不相适应的生产关系，做出恰当的调整。既要打牢经济基础，还要推动上层建筑改革。这一切都需要以尊重和保障人权为前提。在现代化过程中营造和谐的发展氛围，决不能偏袒一方而忽略了另一方，必须一碗水端平。当前我国正处在全面建成小康社会的关键时期，改革处于攻坚期和深水区，面临着许多新情况、新问题。特别是在我国现代化进程逐渐向纵深发展的今天，不可避免地引发种种社会矛盾和经济利益矛盾。改革作为推动经济社会快速健康发展的强大动力，也必然会引起各种各样的利益格局的变动。一旦改革得不到正确的处理，就会打破发展的稳定关系，导致在改革进程中由于利益调整所带来的种种社会矛盾不能被妥善地解决。如果无法使发展结果造福于

全体民众，则必然产生连锁反应。所以，我们唯有以人为本、兼爱互利，从关怀人民的视角去思考、去做事。公平合理的处理各种利益矛盾，顺利实现现代化进程，创造和谐、安定的社会环境。

（二）外部因素对传统文化现代价值实现的积极影响

1. 国民素质的全面提升

中国公民的文化素养的全面提升，并非可有可无的小事，而是关乎中国未来、关乎中国如何发展的重中之重。我们必须以科学发展观为指导，坚持走全面协调可持续发展道路。纵观世界上各个文化强国的历史过程，几乎每一个国家首先崛起的都是经济实力，之后，文学素养才会跟上。当代中国正在发生着深刻的转变。在形形色色的变革中，国民文化素养逐步提升，这种改变是缓慢却坚毅的，这是项长期而艰巨的任务，不能一味“求快”，更要“求质”。想要提升中国公民的文化素养，需要从“软件”和“硬件”两个方面着手。近年来，特别是党的十八大以来，中国在提升全国公民的文化素养方面下了很多功夫。

在“软”的方面，着力提升公民所处的文化氛围与文化参与感，打造了一批优秀的文化节目和文化活动，如中央电视台《朗读者》《中国诗词大会》等节目；扶持城市里的独立书店、公益美术馆、图书馆、艺术馆的建设，如深圳等地开展的“市民读书月”等活动，都大大提升公民对文化的兴趣与参与感。

在“硬”的方面，一是推出一系列政策，助推国民文化素养的提高；二是从硬件设施入手，提升公民的文化程度。我国政府相关部门印发与改革相关的政策文件，对文化事业发展进行总体谋划，其中提出要加强文化建设，推动社会主义核心价值体系深入人心；推动公共图书馆事业的蓬勃发展，充分发挥公共图书馆的作用；切实维护公民的基本文化权益，提高公民的科学文化素质；促进社会文明，弘扬中华优秀传统文化，增强文化自信。此外，国家加大了对知识产权的保护力度，还重点建设一批文化主题公园。中华人民共和国文化和旅游部还开展“扶持计划”，提高美术馆自主展览策划能力。无论是政策发布，还是硬件建设，或者是氛围营造，党的十八大以来，中国政府在人民群众文化素养的提高上，都下足了功夫。我们相信，只要继续重视文化的作用，加强公民文化素养的提高，加大对文化公共设施的扶持力度，中国公民的文化素养一定会越来越好。

2. 文化事业和文化产业的快速发展

满足人民美好生活的需要是新时代中国特色社会主义建设的主要任务。美好生活需要就是指消费升级，让老百姓不只满足于物质需求，而且要催生新需求，人民美好生活需要日益高质、广泛、跨界、多元。2017年，在需求升级政策驱动、资金导向、技术革新等因素的带动下，文化产业和文化事业迎来良好的发展契机，对经济发展的驱动力也更加显著。党的十九大报告对文化产业的发展提出新要求和新目标，文化体制改革、文化消费升级、文化科技融合、文化业态转型等任务将逐步开展，持续深入。2018年，文化产业成为我国经济的重要增长点，随着电影产业与互联网技术、VR技术等技术的融合发展，文化产业将迎来新的机遇。

我国文化产业的发展正逐渐从数量增长向质量提升转变，文化产业体制机制不断完善，产业转型升级增势强劲，产业发展集聚化、数字化、融合化、特色化趋势显著。

3. 全民族文化创新创造活力在不断增强

文化是一种创造性活动，创新对文化事业和文化产业的发展具有重要作用。基础在“文”，但关键在“创”。近年来，我国在增强全民族文化创新方面成就显著。

故宫博物院在文化创意创新方面走出自己的道路。近年来，故宫的文化创意产品广受国内民众和外国游客喜爱，从故宫的“朕知道了”纸胶带、翠玉白菜伞，到朝珠耳机、雍正皇帝PS版耍宝卖萌，再到VR版的《清宫美人图》，这些“萌萌哒”创意设计正在一定程度上消除曾经横亘在博物馆与民众之间的鸿沟。除此之外，故宫博物院还开发各类应用软件与小游戏来推广故宫文化，并与央视合作制作纪录片，参加《国家宝藏》节目的录制。深度挖掘丰富的明清皇家文化元素，努力为故宫的建筑、文物、历史故事找到一个满足当代人喜好的时尚载体，研发具有故宫文化内涵、时代特点鲜明、贴近观众实际需求、深受消费者喜爱的故宫元素文化产品，这是对传统文化进行成功的再创造与创新。

除此之外，中国文物交流中心与中外文化交流中心继北京“欢春文博礼”和义乌“中华文博礼”展会后，在文化和旅游部产业司的指导下，再次联手组织具有示范带头和产业拉动作用的文化创意产品开发成果进行展示，把文化创意创新产品面向公众公开展示，取得良好的效果。

增强全民族的文化创造力与创新力是促进中国文化产业与文化事业发展的重中之重，是中国文化强国道路上关键的一步。文化只有不断发展，不断进步，不断创造，不断具有新的时代内涵，才能具有更旺盛的生命力。

4．“一带一路”倡议对中华优秀传统文化的影响

首先，“一带一路”倡议是中国与世界经济体系进一步接轨的需要。在客观上，要求我们加强同周边国家的经济贸易联系与文化合作，这个客观要求影响着世界经济和社会秩序与格局的发展。所以说，文化的传播与发展往往会成为一个国家或地区崛起和强盛的主要标志。在“一带一路”倡议中，促进中华文化走出国门具有重要意义，如何在“一带一路”倡议下促进中华文化走向国际，需要我们认真反思和总结。

其次，为了更好地促进中华文化走出国门、走向国际，我们应全面、准确地展示我国博大精深的传统文化资源，将当代文化创新的累累硕果推向国际，在人类文明建设方面，贡献出中国特有的力量。为此，我们必须深入研究沿线国家与我国文化交流合作的新形势和新特点，在此基础上做好海外市场开发工作。比如，对沿线国家的民族文化，风土人情，习俗渊源等进行调研，了解他国人民的审美趣味与时尚潮流。在对各国文化进行深入研究的基础上，结合当地实际情况，制订相应的营销策略，提高本国文化产品的国际竞争力。另外，我们还要充分考虑各文化背景中的人民消费习惯与风俗因素。对国外不同受众群体文化传统进行研究，了解他们的价值取向与接受心理，针对他们的兴趣做到有的放矢，推出适销对路的文化产品与服务。中华文化要走向国际，离不开文化品牌的塑造，一个有好口碑、大影响力的品牌可以有效获得国际友人的信赖，减少“文化折扣”。在国际上打响自己品牌的过程中，会遇到很多阻碍，如当地的地方保护主义倾向，我们要注意采用恰当的措施去克服。同时，合理利用国家比较优势，充分发挥我国强大的经济实力、庞大的市场规模和政府对文化产业重视程度高、政策环境好的优势。全面发掘“一带一路”倡议历史文化遗产，指导、调动民间力量，广泛开展形式多样的文化交流活动，支持沿线相关国家共同提出世界文化遗产申请。我们还要加强与发展中国家之间的合作交流，促进文化交流互鉴。在秉承自身独特价值观与文化特色的同时，在内容与载体上做到不断创新。

最后，实现资本的领跑与跨越，为“一带一路”倡议建设提供重要依托。近年来，我国文化企业通过海外上市等途径进行了大量的跨国经营活动。但是当前，文化类的对外投资比重仍然较小，文化贸易领域中的资本要素尚未具规模。因此，我们要从三个方面着手推动我国文化走出去。第一，形成以资本走出去带动优质文化产业和文化产品走出去的思路，促进文化企业进行投资方式的创新；为文化出口提供更便利的平台，加强渠道建设；走出国门，进行并购投资和联合投资；拓展海外优质文化资产，打牢文化产品与产业走出去的根基；通过海外上市融资、收购兼并、股权转让等多种方式，加快实现文化资源向优势行业转移，提升我国文化产业国际竞争力。第二，我们还应探索建立对外文化产业基金，强化“一带一路”倡议文化金融合作。同时，完善相关法律法规，促进我国与沿线国家文化交流互鉴，增强各国人民相互理解信任。人民币跨境结算、谋划区域金融中心、筹备亚投行，成立丝路基金的进展，给“一带一路”倡议带来新动力。积极培育海外文化创意园区，促进文化产业与旅游休闲服务业互动协调发展。基于此，探索建立对外文化艺术产业基金是十分必要的，以重点文化产业、重点项目为核心，促进文化资源的高效配置，合理流动生产要素，深度融合文化市场，构成丝绸之路文化产业开发的金融布局。第三，政府应重点培育国际竞争力强的文化市场主体，这是促进中华文化走出国门的关键环节。在中央印发的相关文件中，提出要加强文化建设，推动社会主义核心价值体系深入人心，做好促进文化企业“走出去”思想准备。文化企业要想走出国门，参与国际竞争，必须具备一定的国际化经营能力。在国际商务中，各种通行惯例与规则一定要提前熟知。全面了解沿线国家和地区的政局状况和风俗习惯。在此基础上，积极与当地政府沟通联系，主动向当地政府有关部门争取支持，并加强自身学习培训。另外属地文化水平也是需要我们重点把握的地方，这需要企业对当地社会风气和人际关系等方面进行尽可能多的了解，熟悉当地环境的特征。要融入并打开国际市场离不开国际语言的合理运用。此外，还要加强与当地媒体、政府机构以及行业协会等组织之间的联系，积极利用互联网平台开展对外宣传工作，争取更多的关注，扩大影响，增强竞争力。对产业层次的提高更要重点把握，高标准把控产品质量和科技含量，加强供应链管理能力，打造出优秀的品牌与口碑。文化企业要想实现跨越式发展，就应该从“产品”向“品牌”转变，以满足消费者需求为中心，不断增强自身竞争力。文化企业一定要顺应目前国际价值链上地位不断提升的态势，顺应潮流。提升各方能力和水平，并且最终在综合性上形成优势。要通过加强知识产权保护力度、加大科技研发投入、加快人才培养步伐等措施来推动文化产业升级。另外，还需要注意的是调整文化产业结构，积极培育文化新业态。培育若干外向型骨干文化企业，发展大型文化中介机构。使文化产业规模化、集约化，提升品牌在国际上的竞争力。同时也要加强对国外优秀文化资源的引进工作。一句话，对许多试图“走向国际”的文化企业而言，单枪匹马是不足以实现目标的，企业应把握好有利的时机，搜集各种宝贵信息，主动贯彻到市场实践中。

第二节　中华优秀传统文化现代价值与现代化建设的融合

一、城市化建设对历史传统文化发展的冲击

在经济飞速发展的今天，在全面建成小康社会的政策引领下，我国大部分城市努力推进城市化的进度。在这样的一个大的环境情况下，在保护和建设历史传统文化方面，我们必然会面临着新的考验。如果贯彻落实城市化发展引领经济的战略，不可避免地会造成对历史传统文化的保护和发展之间的冲突，这种冲突是新兴事物与传统事物之间的，也是现代化发展与历史传承之间的。

人们对过去城市的印象越来越淡，这座城的特征也正在一点点消失。古城作为人类文明与社会进步的见证之一，是不可再生的珍贵遗产，也是人类共同拥有的财富。城市化进程的加快和城市人口急剧增加必将带来许多现实问题，如居住不够，就业困难，交通不便，教育资源短缺等。这对古城发迹之地——旧城区的保护造成很大的压力，导致许多古城遗址已消失殆尽。因此，如何保持历史文化名城原有风貌和丰富的人文资源是目前迫切需要解决的问题。这座历史文化古城处于历史发展的长河中，从生态上看已经与周边自然生态环境有机结合，这里环

境容量有限，生态稳定圈也是如此，如果超出环境容量，就会破坏生态稳定圈，最终导致环境失调，给古城的历史文脉延续带来不良后果。

第一，城市化发展在规划上受到挑战。如何谋划好城市发展，是实现城市化的关键。从规划上处理旧城和新城之间的关系，也是古城保护的重点。在历史上，我国的许多古城都有过不同程度的破坏，但也留下了不少保存完好的古城遗迹，这些古城常常只存在于那些不强力进行工业化、不深度开发的城市中，“慢速”的城市化发展让文化古迹能够更完整的保留至今。我国历史文化名城数量众多、分布广泛，但由于缺乏统一合理的总体规划，使得名城风貌特色消失殆尽，甚至出现许多危房、残垣和废墟。要处理好古城建设与文脉延续的问题，必须先化解城市发展和规划之间的冲突，这是关键所在。制订科学的计划将古城保护工作科学融入规划理念上面，不但可以对古城遗迹进行强有力的保护，并能推动城市化进程。

第二，当前历史传统文化在保护和建设中面临的主要任务之一，就是处理好延续历史文脉和社会经济发展之间的矛盾。人们很多时候很容易为了眼前经济效益就舍弃对历史文化的保护。尤其是近年来出现的所谓“形象工程”，部分城市为了“形象”不惜破坏古迹来建立广场，只看重眼前的“形象”的利益，而历史文物的社会效益和经济效益在当地政府的权衡当中被舍弃，这种做法是不明智的。所以当前最重要的就是入手推进我国文化产业发展。当城市展望未来时，必须以未来的利益为重。以古城可持续发展为目标，将历史、现在和将来有机地统一起来，若只重视眼前利益，割裂了这座城的发展，那将来的收益肯定不会理想。

第三，在再现历史遗迹时，保留遗迹已有风貌和仿造遗迹是一对矛盾体。目前，地域文化多样性与特色渐次式微，销声匿迹。建筑文化与城市文化呈现趋同现象与特色危机。有一段时间，国内兴起仿古造假的热潮，这场仿古造假热潮的结果却是很多地方不仅建宫造园以失败告终，而且百姓也多有抱怨。更重要的是游客并没有兴趣去长相趋同的“古代”建筑群游览，使得人造景观要回归理性发展的声音逐渐高涨。建宫造园的现象在不少城市中也有发生，它最初的目的就是想重现古代景观，但结果就是对历史文脉造成极大损伤。我们知道，文化遗产是人类共同创造的精神财富，是人类文明进步的标志之一。世上有很多历史景观，它的价值不在于完好无损，反而它的破损与废墟现状正是它文化价值的体现。我国历史文化遗产保护工作中，一些重要古迹已成为人们缅怀先贤的对象，但这些遗产本身并没有什么真正意义，它们只是一种历史遗存而已。所以必须正确处理保留遗迹现有风貌和仿造遗迹的矛盾，选择更有意义、更有价值的资源，重现历史的发展脉络。

二、传统文化中历史街区的内涵

（一）文化遗产与传统文化的相关概念

1．文化遗产

遗产主要分为两类，分别是文化遗产和自然遗产。其中，文化遗产还分为两类分别是物质与非物质文化遗产。文化遗产是人类在社会实践活动中留下的具有代表性、较高艺术水平的各种实物遗存和遗迹以及与其相关的信息资料等，它是衡量一个国家历史文化成就的重要指标。文化遗产具有鲜明的民族特色和独特的艺术魅力。文化遗产有历史建筑名城、具有永久纪念价值的雕塑绘画和具有重要意义的考古遗址等。

总的来说，如表 5–2–1 所示，文化遗产主要分为三类，分别是历史纪念物、考古遗址、建筑群。

表 5-2-1　文化遗产分类

名称	内容	代表
历史纪念物	从历史、艺术或科学角度看，具有突出的普遍价值的建筑物、纪念性的雕刻和绘画作品，具有考证性质成分或构造的碑刻、铭文、洞窟等	甘肃莫高窟、重庆大足石刻、陕西兵马俑、长城等
考古遗址	从历史、审美或人类学角度看，具有突出的普遍价值的人类工程或人与自然的联合工程和考古遗址的地带	周口店北京人遗址、半坡遗址等
建筑群	从历史、艺术或科学角度看，在建筑式样、分布均匀或与环境景色方面具有突出普遍价值的独立或链接的建筑群	开平碉楼与古村落、福建土楼、山西平遥古城等

2．物质文化遗产的定义

物质文化遗产作为传统意义上文化遗产的一种，又被称为“有形文化遗产”。

按照《保护世界文化和自然遗产公约》的定义，可这样理解：物质文化遗产就是包括历史文物、历史建筑遗迹文化的遗址。

3. 非物质文化遗产的定义

非物质文化遗产是各族人民世代传承下来的遗产。非物质文化遗产包含各类与群众生活息息相关的传统文化表现形式文化空间，包括口头传承的民间传统文化和以活态方式存在的各类无形文化遗产。它可以划分为两种类型：第一，传统文化表现方式，比如民俗表演艺术、传统技能等；第二，文化空间，主要是指经常举办传统文化活动或者集中反映传统文化表现方式的地方，既有空间性，又有时间性。

4. 传统文化的相关概念

第一，传统文化的定义。传统文化就是民族历史中形形色色的思想文化和意识形态上的一般特点，是一种伴随着历史沿袭不断固化的民族特质与地区风貌。它与人类社会发展相适应，并对人的心理产生着潜移默化的影响，在不同程度上决定了每个民族的行为模式。世界上每一个国家都有着本国传统文化。中国传统文化，是由历史上流传至今的制度，习俗，观念，道德，艺术等构成。传统文化与现代社会相比较，在很多地方有着明显不同的特点。传统文化既包括看得见、摸得着的物质文化，在看不见、摸不着的精神文化层面也体现着非凡的价值，传统文化是对人的风俗习惯和心理特征的集中反映。

第二，传统文化的特点。传统文化就是围绕着本民族的特殊生活和生产方式的集成体，它反映了民族个性和民族审美。因此，传统文化也必然有自己独有的特征和风格。传统文化是交融的，传统文化就是过去和现代相互融合的产物。传统文化不只是属于某一个特定时期，而是渗透在每一个年代的观念与文化。传统文化是相对稳定的，在时代更替中，传统文化不断汲取新内容，但它始终根植于民族土壤，相对来说比较稳定。传统文化是符合伦理要求的，各国都有不同的法律法规和观念标准。蕴含在传统文化之中的思想品德之所以能在代代相传中得以延续，主要原因是在法律范畴之外，传统文化在社会道德观念上被人民接受。传统文化具有传承性，不同历史时期人们对同一事物会持有相同或类似的态度，这说明了传统文化具有继承性，但同时也存在着断裂性，这是由于历史变迁导致的。

另外，传统文化的社会性是十分广泛的，传统文化并非是某一个人的看法，亦非少数人思想倾向使然。它体现的是民族文化的趋向，它代表着一个民族、一个社会的总体意志。

（二）历史街区的相关概念

1. 历史街区的含义

首先，“历史街区”作为物质载体，体现了对城市历史文化的保护。基本上，对古城进行总体保护的思路很难实施。经国际上的若干学术研究的探讨，基于现实的紧迫性和规模的灵活性，应建设具有可操作性和多样性内涵的城市历史文化保护单位。

其次，“历史地段”最早出现在1964年的《威尼斯宪章》中，接着，“历史地段”的概念在日本制定的《古都保存法》中由“文物建筑所在地”演变为“历史街区”。在我国，随着改革开放以来经济高速发展，“历史街区”这一名称逐渐被人们熟知。“历史街区”并不只是指建筑单体这一概念，而是指由街区内独立的建筑单体组成的总体环境，体现了历史在一定时期内的面貌。在我国古代文献中，有关街道、街景、街名等都包括在内。所以，就其组成而言，除了宫殿、庙宇和其他纪念性建筑物之外，还包括民居村落和商店之类的建筑。

最后，“历史街区”究竟有哪些确切界定呢？综合其内涵与外延，可以说凡是有文物古迹的地方，在一定历史时期内拥有足够多建筑的城区或者历史人文风景区，都可以被称为“历史街区”。

2. 历史街区的破坏

房地产业和旧城改造运动于20世纪90年代中期如火如荼地进行着，使得不少历史街区毁于一旦。这些城市在发展过程中留下大量珍贵的文化遗产和宝贵资源。其中，部分历史街区内建筑艺术遭到了毁坏，取而代之的是毫无特色的高楼大厦。历史街区文脉格局受损，因为公路贯穿错杂，造成了交通混乱的现象。居民人口随着时代的发展而暴增，土地短缺问题一一凸显，如住房不足、教育文化场所不足等。在城市建设过程中，由于缺乏合理规划和管理，使得大量历史风貌遭到破坏。上述种种都是毁坏古城内历史街区的原因，由此可见对历史街区的保护已经刻不容缓。

3. 历史街区保护的重要性

对历史街区进行保护，就是要对文物建筑进行更好的防护，与单体文物相比，历史街区保护优势更加显著。

第一，文物建筑能够融入大环境，产生一定规模的历史氛围，造成明显的观光效果。同一时期建筑互相印证、对景，能够给游客留下美好而又深刻的感受。

第二，对历史街区的保护无法在短时间内做到尽善尽美，至少要保护部分名城的历史传统格局和空间形态。让游客身临其境，感受到该城文物所处的位置特点。

第三，有的历史街区，仅是小街狭巷，但它们作为城市的生命基因，其中包含无形的文化内核，可以推动稳定社区结构的形成，进而更有效的推进对地方历史文物的保护战略。

（三）相关案例研究

在研究有关实例时，以成都锦里、山西平遥为例。会在文化特色、空间格局和活动项目三部分，对实例作简单的剖析。

1. 成都锦里

首先，就文化特色而言，锦里和山西太谷古城历史街区的建筑特点十分相似。因为遗迹建筑、街巷已基本不复存在。锦里曾是西蜀最古老、商业气息最浓的一条街，锦里在秦汉和三国时期就十分出名，在发展过程中留下了大量珍贵的文化遗产和宝贵资源。基本上，锦里的转型与重建，都是围绕着其具有的三国西蜀文化而展开的，并且和邻近武侯祠文化融为一体。武侯祠为汉皇帝刘备与军师诸葛亮的祠庙，属于君臣合祀之祠，在国际上享有很高声誉。诸葛亮，作为我国古代杰出的政治家、军事家、文学家、思想家和书法家，被尊为“天下第一贤臣”“一代伟人”。成都作为三国时期的蜀国都，不仅是政治权力中心，也是蜀文化空前兴盛的中心。锦里在优越的地理与文化条件帮助下，对三国西蜀文化极尽传承。因此，在建筑格局和街区规划各方面都可以看到西蜀文化的踪迹，游客若想感受三国文化，锦里是成都的必游之地。另外，锦里正是借助它的历史遗存进行内在探索的。从心灵深处重建、修复它，把非物质文化遗产寄寓在物质性空间这个大环境之中，以建立有关活动为媒介，以期达到全面反映其历史文化内涵的效果。

它既满足人们对传统生活方式和审美情趣的要求，又为城市注入活力。锦里作为成功典范，达到了物质文化和非物质文化的协调统一。通过挖掘和整理传统街区所蕴含的历史与文化信息，使人们感受到地域特色和独特而丰富的人文气息。尽管大街两旁店铺林立，其历史价值也不体现在店铺客栈之类的现代建筑上，而是把握精神层面，在空间尺度感方面，锦里精准地抓住民俗文化，对建筑风格进行合理定位，对西蜀文化进行弘扬和传承。

其次，就空间格局而言，锦里作为一条相对狭小的古街，是西蜀文化的缩影。其空间格局较为单一，这里既充斥着传统的商业文化，又保留着古代时期的民居风貌和特色。总体空间格局为线性形式，线性空间由临街建筑合围，介于2～4米。从街面看，东西走向的主要为一条主干线和两条辅线，街道入口位于南面，街道呈南北走向，中间是小集散广场，这里分平行两路，街区北端两路相交。主要以南北向为主，东西向为辅。套索状的平面布局极其秀气。

最后，从活动项目方面来看，三国时期西蜀文化在锦里具有极高的体现，锦里科学地利用当地的文化资源，对游客市场进行精准定位，因此，其商业开发展现出意想不到的成果。

最后，锦里以三国西蜀文化为文化主题，明确自身文化风格后，进行与传统文化相关的系列活动项目。如三国石刻，取材于三国文化、民间艺术川戏。还有大型民俗表演和节庆活动，如木器制作和皮影工艺。小集散广场也是一个娱乐文化中心，进行木马、诸葛连弩等民间工艺品的展览。街面两旁还有传统手工作坊，店铺林立，商品琳琅满目。

2．山西平遥

首先，就文化特色而言，山西平遥古城，是中国最古老、现存最大的古县城之一。平遥古城凝聚着中华民族智慧和文明。它不仅有着深厚的文化积淀，而且具有独特而丰富的人文景观和自然景观资源。平遥古城距今已有2 700多年的历史，具有厚重的历史文化底蕴。平遥古城，不仅历史文化底蕴厚重，而且其建筑风格和布局是我国儒、佛、道三家传统文化的集中彰显与融合。其中儒家思想占据很大一部分地位。而山西最为知名的文化，当属晋商文化。正所谓“儒贾互通”，晋商文化同样受到传统儒家文化的熏陶。如今平遥古城古街的繁荣景象，似欲重现平遥古城在明清时代对天下晋商文化的融会与彰显。其实繁荣只是一个表象，真正的历史内涵却鲜为人知。19 世纪时，西方人称平遥古城为“亚洲的华尔街”。据传，古代的山西人大多在外经商，山西人十多岁的时候就跟随长辈学习贸易经商，当时交通不便，经常两三年才回一次家。到了民国年间，随着城市人口增加、交通发达、工商业兴盛，山西的商业街比往日还要繁华。因此，山西素有海内最富之称，当地人都不愿意离开这个富庶之地。可以想象当年的城内城外人头攒动、车辆如织，俨然一个大型贸易市场。在今天的城门之下，仍可见到当时车水马龙的热闹场面。山西独具特色的传统文化之一就是晋商文化，所谓“晋商文化”就是在长期经营过程中形成的独特商业伦理和企业文化。晋商文化的形成受中国儒家文化的熏陶。明清之际，儒贾、义利互通的思想深深扎根在山西商人的骨子里，因此，山西商人诚实守信的口碑古来有之。票号文化对当时的商业发展产生了很大的推动作用。“日升昌”是平遥很有名的票号，作为中国银行的雏形，有着“天下第一”“汇通天下”的美名。他们不仅注重经商之道，而且还十分重视伦理道德教育。这一票号文化得以享誉海内的原因是晋商在中国传统儒家文化的熏陶下，牢牢地贯彻着诚信为本的经商理念。

其次，就空间格局而言，平遥古城是左文右武和东观西寺的格局。以南大街为主轴，左边是城隍庙，右边是县衙，东边是道教的清虚观，西边是佛教的集福寺。但由于某些历史原因，集福寺已经不复存在。以南大街为主轴，市楼中间位置对称式排列构造。在长期经营过程中形成独特的商业区域划分。其中，南大街与西大街、城隍庙街组成一条“干”字形商业街。东西两条街均有小巷相通，南北各有一条巷子相连。它既体现出传统建筑特色，又具有现代城市特点。整条古街规模之大，商业文化之兴盛，无不体现出明清时期的平遥风貌。

最后，从活动项目方面来看，平遥古城就像一座巨大博物馆。在明清古城中，平遥古城保存得较为完好。平遥古城内，国内外游客争相前往游览，无一日冷清。游览明清两代繁荣兴盛的商业建筑包括镖局、票号、县衙等就是它的主打活动项目。另外游客在这里还可以看到一些保存完好的民居建筑群。因古城内街道众多，古城历史街道内侧多处设有自行车租赁服务，古城步行街外侧设有游览车服务，给游人提供的游览线路最省时省力。街道上设有许多流动摊位，供游人能更深入了解民俗传统工艺和选购特产，如刺绣和剪纸。

三、传统文化传承发展原则与历史街区设计原则——以太古历史街区为例

（一）太谷历史街区的设计原则

1. 地域性原则

首先，我们应明白，历史街区所表现出来的地域性因城市所在地理位置的不同而有所差异。它既体现出传统民居建筑特色，又反映出古时城市建设特点和商业文化发展状况。由于地域的差异，城市在地理环境与历史文化，人文习俗诸方面，多少有些不同。所以在街道空间中展现出来的各个区域之间的差别就会更加明显，从而使人们能够感受到这些差异性给生活带来的影响。正因为如此，各类古城步行街表现出的文化是不一样的。本文通过对几个具有代表性的古镇进行实地调研，分析了他们各自独特的建筑风格，并从各个角度去探究其成因。由于其本身独特的地域性的影响，平遥古城一砖一瓦，无不具备明清文化特色；锦里建筑楼阁散发出成都川蜀文化的气息。从这几个典型案例可以看出这种地域性特点对建筑设计带来的影响。每个城市都有着自己引以为豪的历史文化与地理条件，然后对这一区域的文化内涵进行深层次的发掘，地域性原则是设计城市建筑时最应注意的因素。

以位于山西晋中盆地的山西太谷为例，其地理位置与文化内涵，显示其独特迷人的地域性特征。它拥有保存完好的民居建筑群和古建筑遗址。晋商文化、汾河湾地方居民生活、生产方式，均为吸引游客的主打项目。同时，作为一个历史悠久的商业城镇，其独特的建筑风格也成为人们关注的焦点之一。在对太谷历史街区的设计中，应把握好地域性原则，从地方特点出发，在设计上创造出一个有特殊韵味、和太谷古城大环境融为一体的历史街区。

2. 生态性原则

首先，对历史街区进行重建设计时，基于人对自然、历史的融合追求，在选材上要崇尚自然，同时要充分考虑环境对城市发展所产生的影响，以保证整个区域的生态环境健康和谐地向前发展。尽可能选用与地方历史特点相适应的设计要

素，如自然元素和环保材质。要充分考虑城市建设中对生态环境所带来的影响。在太谷古城街区的重建中，建筑及部分景观小品配置应兼顾生态性原则。

3. 艺术性原则

历史街区自身就有着极高的艺术价值，厚重的历史文化底蕴使它独具魅力。在那些建筑艺术中，我们首先要考虑的是利用传统民俗打造亲切的人文环境，以此吸引顾客。在现代化建设中，许多历史文化街区已经面临衰败或被废弃，这与我们对历史文化资源保护不力有直接关系。所以，我们要用现代设计手法与艺术改造方法来重现历史街区迷人风采，在关于太谷古城的历史街区设计问题上要充分考虑人的审美要求，把握好艺术性原则。

（二）传统文化传承发展的原则

1. 整体原则

整体原则在传统文化中主要体现在两个方面，分别是生态整体和文化整体。所谓生态整体，就是人类生存和发展的自然环境和由此产生的各种社会关系，以及传统文化习俗中所蕴含的生态特征。文化整体是指由特定社会组织所形成的具有相对稳定形态的一种精神产品，其产生与存在必然受到一定地域内各种自然因素及人为因素的制约。文化整体性也可以说是一段历史时期内人们所创造的各种传统文化，虽然形式和作用不同，但都服从于这一历史时期。所以我们需要继承和发扬的，并不是某一种传统文化，而是一个文化整体，贯穿于整个时期。古城作为一种独特的城市现象，其存在不仅有一定的合理性，而且还有很高的价值性。古城可以说是由建筑和周边生态环境和人的生产生活组成的有机整体。所以，整体性原则在太谷古城和古城历史街区传统文化传承上应注意体现和把握。

2. 人本原则

在对传统文化的继承和发扬中，人是不可取代的能动主体。非物质文化遗产大部分都要靠人去继承。如许多形象鲜明的民谣、手工技艺等必须由人充当载体进行传承。在现代社会里，经济发展已成为人类生存与发展的基本手段和主要内容之一。所以传承文化决不能阻碍经济的发展，使人们生活质量下降，在传承文化的同时应关注人们的实际需要。

3. 主题协调原则

我国许多历史文化名城都具有悠久的文化传统和丰富的文化遗产，但由于种种原因，有些城市的部分建筑遭到了破坏。继承和弘扬传统文化遗产已是刻不容缓，主要有四类主体，分别是政府，工商界，传承者和学术界。因身份不同、动机不同，他们的立场与要求也不尽相同。所以关键在于这几个部门之间的协调配合。作者认为，政府作为主导力量，其参与程度直接影响到整个社会对传统文化的认同程度。在古城重建的推进过程中，民众虽然是传统文化传承者与享有者，但在初始阶段，他们大多数人内心充满冲突和疑虑。政府干预是凭借权力进行的，因此干预之处，有一定的强制作用。在文化遗产的保护中，政府起着决策领导的作用。工商界多为出资者，他们更看重如何在最短时间内，以最少的投入获得最大收益。学术界较为特别，他们的目的与政治和利益没有任何关系，作为科学力量是十分靠谱的。这些因素共同构成对古城保护的影响。如何协调他们之间的关系，将他们所拥有的“力量”整合在一起，让它发挥各自应有的作用是关键所在。

参 考 文 献

[1] 陆通. 中华优秀传统文化与文化自信 [M]. 长春：吉林出版集团股份有限公司，2018.

[2] 秦海燕. 优秀传统文化的传承与创新 [M]. 长春：吉林出版集团股份有限公司，2018.

[3] 杨敏. 历史传统文化传承与发展 [M]. 长春：吉林大学出版社，2016.

[4] 宋芳. 中国传统文化的现代价值与大学生思想政治工作 [M]. 沈阳：辽宁大学出版社，2014.

[5] 刘新科. 中国传统文化与教育 [M]. 长春：东北师范大学出版社，2002.

[6] 谢清果，钟海连. 中华文化与传播研究（第八辑）[M]. 北京：九州出版社，2020.

[7] 王志文，牛继舜. 中华文化传承与传播策略研究 [M]. 北京：经济日报出版社，2017.

[8] 李素霞，杜运辉. 中华优秀传统文化的传承与创新研究 [M]. 北京：光明日报出版社，2021.

[9] 王淑卿. 文化自信视域下传统文化的传承发展研究 [M]. 长春：吉林出版集团股份有限公司，2021.

[10] 朱宁. 新时代中华优秀传统文化传承发展研究 [J]. 汉字文化，2022（22）：162–164.

[11] 钱雅蕾. 新时代传承和弘扬中华优秀传统文化面临的挑战及实践对策 [J]. 汉字文化，2022（22）165–167.

[12] 吕英飒. 中华优秀传统文化的创造性转化与创新性发展 [J]. 长春师范大学学报，2022，41（11）：183–186.

[13] 李莉，姜劲晖，王廷梅. 人工智能时代中华优秀传统文化的传承和推广 [J]. 现代商贸工业，2022，43（23）：79–80.

[14] 岳春燕，李红兵. 中华优秀传统文化传承传播的五个维度 [J]. 边疆经济与

文化，2022（11）：80−83.
[15] 宫彩娟. 把握时代大势 坚持守正创新 [N]. 中国社会科学报，2022−10−27（12）.
[16] 自信自强 守正创新 凝聚实现中华民族伟大复兴的精神力量 [N]. 中国电影报，2022−10−26（5）.
[17] 朱家镠. 新时代中华优秀传统文化的传承与发展研究 [J]. 汉字文化，2022（20）：170−172.
[18] 赵亚曦，刘晓婷. 关于中华优秀传统文化创造性转化与创新性发展的媒体传播实践与挑战 [J]. 国学学刊，2022（3）：1−12；138.
[19] 何云. 中华优秀传统文化“两创”的三个维度 [J]. 哈尔滨职业技术学院学报，2022（5）：119−121.
[20] 姚倩倩. 优秀传统文化传承与创新研究 [M]. 北京：中国纺织出版社，2021.
[21] 祝中侠，阳光宁. 大学生传统文化素养 [M]. 南京：江苏美术出版社，2014.
[22] 陈娟莉. 论中国传统学徒制的文化蕴涵及其当代价值 [J]. 机械职业教育，2022(8)：6−10.
[23] 李茂英. 浅谈中国传统文化的现代价值 [J]. 作家天地，2022(17)：34−36.
[24] 詹红菊，李若晗. 新时代下挖掘和阐发优秀传统文化的思想价值 [J]. 汉字文化，2022(4)：154−156
[25] 滕兴欣. 价值与工具的统一：传统文化的社会治理功能 [J]. 西部学刊，2021(20)：51−54.
[26] 任姣丽. 中华传统文化的现代价值探析 [J]. 中国民族博览，2021(8)：51−53.
[27] 耿聃聃. 文化内核：从传统走向现代——评《中国优秀传统文化的现代价值》[J]. 领导科学，2021(6)：127.
[28] 赵学玉，张颖辉，王淑洁. 传统文化电视节目如何创新出圈？——河南广播电视台“中国节日”和“中国节气”系列节目内容分析 [J]. 南方传媒研究，2022(4)：17−21.
[29] 张海燕，郭鸽. 浅析如何运用“双创”理论发扬中华优秀传统文化 [J]. 文化产业，2022(22)：49−51.